RUSSISCH

WOORDENSCHAT

THEMATISCHE WOORDENLIJST

NEDERLANDS RUSSISCH

De meest bruikbare woorden
Om uw woordenschat uit te breiden en
uw taalvaardigheid aan te scherpen

5000 woorden

Thematische woordenschat Nederlands-Russisch - 5000 woorden

Door Andrey Taranov

Woordenlijsten van T&P Books zijn bedoeld om u woorden van een vreemde taal te helpen leren, onthouden, en bestudering. Dit woordenboek is ingedeeld in thema's en behandelt alle belangrijk terreinen van het dagelijkse leven, bedrijven, wetenschap, cultuur, etc.

Het proces van het leren van woorden met behulp van de op thema's gebaseerde aanpak van T&P Books biedt u de volgende voordelen:

- Correct gegroepeerde informatie is bepalend voor succes bij opeenvolgende stadia van het leren van woorden
- De beschikbaarheid van woorden die van dezelfde stam zijn maakt het mogelijk om woordgroepen te onthouden (in plaats van losse woorden)
- Kleine groepen van woorden faciliteren het proces van het aanmaken van associatieve verbindingen, die nodig zijn bij het consolideren van de woordenschat
- Het niveau van talenkennis kan worden ingeschat door het aantal geleerde woorden

T&P Books Publishing
www.tpbooks.com

ISBN: 978-1-78492-355-6

Dit boek is ook beschikbaar in e-boek formaat.
Gelieve www.tpbooks.com te bezoeken of de belangrijkste online boekwinkels.

RUSSISCHE WOORDENSCHAT
nieuwe woorden leren

T&P Books woordenlijsten zijn bedoeld om u te helpen vreemde woorden te leren, te onthouden, en te bestuderen. De woordenschat bevat meer dan 5000 veel gebruikte woorden die thematisch geordend zijn.

- De woordenlijst bevat de meest gebruikte woorden
- Aanbevolen als aanvulling bij welke taalcursus dan ook
- Voldoet aan de behoeften van de beginnende en gevorderde student in vreemde talen
- Geschikt voor dagelijks gebruik, bestudering en zelftestactiviteiten
- Maakt het mogelijk om uw woordenschat te evalueren

Bijzondere kenmerken van de woordenschat

- De woorden zijn gerangschikt naar hun betekenis, niet volgens alfabet
- De woorden worden weergegeven in drie kolommen om bestudering en zelftesten te vergemakkelijken
- Woorden in groepen worden verdeeld in kleine blokken om het leerproces te vergemakkelijken
- De woordenschat biedt een handige en eenvoudige beschrijving van elk buitenlands woord

De woordenschat bevat 155 onderwerpen zoals:

Basisconcepten, getallen, kleuren, maanden, seizoenen, meeteenheden, kleding en accessoires, eten & voeding, restaurant, familieleden, verwanten, karakter, gevoelens, emoties, ziekten, stad, dorp, bezienswaardigheden, winkelen, geld, huis, thuis, kantoor, werken op kantoor, import & export, marketing, werk zoeken, sport, onderwijs, computer, internet, gereedschap, natuur, landen, nationaliteiten en meer ...

INHOUDSOPGAVE

UITSPRAAKGIDS

T&P fonetisch alfabet	Russisch voorbeeld	Nederlands voorbeeld

Medeklinkers

[b]	абрикос [abrikós]	hebben
[d]	квадрат [kvadrát]	Dank u, honderd
[f]	реформа [refórma]	feestdag, informeren
[g]	глина [glína]	goal, tango
[ʒ]	массажист [masaʒíst]	journalist, rouge
[j]	пресный [présnij]	New York, januari
[h], [x]	мех, Пасха [méh], [pásxa]	het, herhalen
[k]	кратер [krátɛr]	kennen, kleur
[l]	лиловый [lilóvij]	delen, luchter
[m]	молоко [mɔlɔkó]	morgen, etmaal
[n]	нут, пони [nút], [póni]	nemen, zonder
[p]	пират [pirát]	parallel, koper
[r]	ручей [ruʧéj]	roepen, breken
[s]	суслик [súslik]	spreken, kosten
[t]	тоннель [tɔnélʲ]	tomaat, taart
[ʃ]	лишайник [liʃájnik]	shampoo, machine
[ʧ]	врач, речь [vráʧ], [réʧʲ]	Tsjechië, cello
[ts]	кузнец [kuznéts]	niets, plaats
[ʃʲ]	мощность [móʃʲnɔstʲ]	Chicago, jasje
[v]	молитва [mɔlítva]	beloven, schrijven
[z]	дизайнер [dizájnɛr]	zeven, zesde

Aanvullende symbolen

[ʲ]	дикарь [dikárʲ]	palatalisatie teken
[·]	автопилот [afto·pilót]	hoge punt
[ˈ]	заплата [zaplátа]	hoofdklemtoon

Beklemtoonde klinkers

[á]	платье [plátje]	acht
[é]	лебедь [lébetʲ]	delen, spreken
[ǿ]	шахтёр [ʃahtǿr]	New York, jongen
[í]	организм [ɔrganízm]	bidden, tint
[ó]	роспись [róspisʲ]	overeenkomst
[ú]	инсульт [insúlʲt]	hoed, doe

T&P fonetisch alfabet	Russisch voorbeeld	Nederlands voorbeeld
[ī]	добыча [dɔbīʧa]	iemand, die
[æ]	полиэстер [pɔliǽstɛr]	Nederlands Nedersaksisch - dät, Engels - cat
['ú], [jú]	салют, юг [salʲút], [júg]	jullie, aquarium
['á], [já]	связь, я [svʲásʲ], [já]	januari, jaar

Onbeklemtoonde klinkers

[a]	гравюра [gravʲúra]	neutrale klinker, vergelijkbaar met een sjwa [ə]
[e]	кенгуру [kengurú]	neutrale klinker, vergelijkbaar met een sjwa [ə]
[ə]	пожалуйста [pɔʒáləsta]	formule, wachten
[i]	рисунок [risúnɔk]	bidden, tint
[ɔ]	железо [ʒelézɔ]	neutrale klinker, vergelijkbaar met een sjwa [ə]
[u]	вирус [vírus]	hoed, doe
[ɪ]	первый [pérvij]	iemand, die
[ɛ]	аэропорт [aɛrɔpórt]	elf, zwembad
['u], [ju]	брюнет [brʲunét]	jullie, aquarium
[ɪ], [jɪ]	заяц, язык [záɪʦ], [jɪzīk]	neutrale klinker, vergelijkbaar met een sjwa [ə]
['a], [ja]	няня, копия [nʲánʲa], [kópija]	januari, jaar

AFKORTINGEN
gebruikt in de woordenschat

Nederlandse afkortingen

abn	-	als bijvoeglijk naamwoord
bijv.	-	bijvoorbeeld
bn	-	bijvoeglijk naamwoord
bw	-	bijwoord
enk.	-	enkelvoud
enz.	-	enzovoort
form.	-	formele taal
inform.	-	informele taal
mann.	-	mannelijk
mil.	-	militair
mv.	-	meervoud
on.ww.	-	onovergankelijk werkwoord
ontelb.	-	ontelbaar
ov.	-	over
ov.ww.	-	overgankelijk werkwoord
telb.	-	telbaar
vn	-	voornaamwoord
vrouw.	-	vrouwelijk
vw	-	voegwoord
vz	-	voorzetsel
wisk.	-	wiskunde
ww	-	werkwoord

Nederlandse artikelen

de	-	gemeenschappelijk geslacht
de/het	-	gemeenschappelijk geslacht, onzijdig
het	-	onzijdig

Russische afkortingen

возв	-	reflexief werkwoord
ж	-	vrouwelijk zelfstandig naamwoord
ж мн	-	vrouwelijk meervoud
м	-	mannelijk zelfstandig naamwoord
м мн	-	mannelijk meervoud

м, ж	-	mannelijk, vrouwelijk
мн	-	meervoud
н/пх	-	onovergankelijk, overgankelijk werkwoord
н/св	-	perfectief/imperfectief
нпх	-	onovergankelijk werkwoord
нсв	-	imperfectief
пх	-	overgankelijk werkwoord
с	-	onzijdig
с мн	-	onzijdig meervoud
св	-	perfectief

BASISBEGRIPPEN

Basisbegrippen Deel 1

1. Voornaamwoorden

ik	я	[já]
jij, je	ты	[tī]
hij	он	[ón]
zij, ze	она	[ɔná]
het	оно	[ɔnó]
wij, we	мы	[mī]
jullie	вы	[vī]
zij, ze	они	[ɔní]

2. Begroetingen. Begroetingen. Afscheid

Hallo! Dag!	Здравствуй!	[zdrástvuj]
Hallo!	Здравствуйте!	[zdrástvujte]
Goedemorgen!	Доброе утро!	[dóbrɔe útrɔ]
Goedemiddag!	Добрый день!	[dóbrij dénʲ]
Goedenavond!	Добрый вечер!	[dóbrij vetʃer]
gedag zeggen (groeten)	здороваться (нсв, возв)	[zdɔróvatsa]
Hoi!	Привет!	[privét]
groeten (het)	привет (м)	[privét]
verwelkomen (ww)	приветствовать (нсв, пх)	[privétstvɔvatʲ]
Is er nog nieuws?	Что нового?	[ʃtó nóvɔvɔ?]
Dag! Tot ziens!	До свидания!	[dɔ svidánija]
Tot snel! Tot ziens!	До скорой встречи!	[dɔ skórɔj fstrétʃi]
Vaarwel! (inform.)	Прощай!	[prɔʃáj]
Vaarwel! (form.)	Прощайте!	[prɔʃájte]
afscheid nemen (ww)	прощаться (нсв, возв)	[prɔʃátsa]
Tot kijk!	Пока!	[pɔká]
Dank u!	Спасибо!	[spasíbɔ]
Dank u wel!	Большое спасибо!	[bɔlʲʃóe spasíbɔ]
Graag gedaan	Пожалуйста	[pɔʒálǝsta]
Geen dank!	Не стоит благодарности	[ne stóit blagɔdárnɔsti]
Geen moeite.	Не за что	[né za ʃtɔ]
Excuseer me, ... (inform.)	Извини!	[izviní]
Excuseer me, ... (form.)	Извините!	[izviníte]
excuseren (verontschuldigen)	извинять (нсв, пх)	[izvinʲátʲ]

zich verontschuldigen	извиняться (нсв, возв)	[izvinʲátsa]
Mijn excuses.	Мои извинения	[moʲí izvinénija]
Het spijt me!	Простите!	[prɔstíte]
vergeven (ww)	прощать (нсв, пх)	[prɔʃátʲ]
Maakt niet uit!	Ничего страшного	[nitʃevó stráʃnɔvɔ]
alsjeblieft	пожалуйста	[pɔʒáləsta]

Vergeet het niet!	Не забудьте!	[ne zabútʲte]
Natuurlijk!	Конечно!	[kɔnéʃnɔ]
Natuurlijk niet!	Конечно нет!	[kɔnéʃnɔ nét]
Akkoord!	Согласен!	[sɔglásen]
Zo is het genoeg!	Хватит!	[hvátit]

3. Hoe aan te spreken

Excuseer me, ...	Извините	[izviníte]
meneer	господин	[gɔspɔdín]
mevrouw	госпожа	[gɔspɔʒá]
juffrouw	девушка	[dévuʃka]
jongeman	молодой человек	[mɔlɔdój tʃelɔvék]
jongen	мальчик	[málʲtʃik]
meisje	девочка	[dévɔtʃka]

4. Kardinale getallen. Deel 1

nul	ноль	[nólʲ]
een	один	[ɔdín]
twee	два	[dvá]
drie	три	[trí]
vier	четыре	[tʃetĩre]

vijf	пять	[pʲátʲ]
zes	шесть	[ʃæstʲ]
zeven	семь	[sémʲ]
acht	восемь	[vósemʲ]
negen	девять	[dévɪtʲ]

tien	десять	[désɪtʲ]
elf	одиннадцать	[ɔdínatsatʲ]
twaalf	двенадцать	[dvenátsatʲ]
dertien	тринадцать	[trinátsatʲ]
veertien	четырнадцать	[tʃetĩrnatsatʲ]

vijftien	пятнадцать	[pitnátsatʲ]
zestien	шестнадцать	[ʃɛsnátsatʲ]
zeventien	семнадцать	[semnátsatʲ]
achttien	восемнадцать	[vɔsemnátsatʲ]
negentien	девятнадцать	[devitnátsatʲ]

twintig	двадцать	[dvátsatʲ]
eenentwintig	двадцать один	[dvátsatʲ ɔdín]
tweeëntwintig	двадцать два	[dvátsatʲ dvá]

drieëntwintig	двадцать три	[dvátsatʲ trí]
dertig	тридцать	[trítsatʲ]
eenendertig	тридцать один	[trítsatʲ ɔdín]
tweeëndertig	тридцать два	[trítsatʲ dvá]
drieëndertig	тридцать три	[trítsatʲ trí]
veertig	сорок	[sórɔk]
eenenveertig	сорок один	[sórɔk ɔdín]
tweeënveertig	сорок два	[sórɔk dvá]
drieënveertig	сорок три	[sórɔk trí]
vijftig	пятьдесят	[pɪtʲdesʲát]
eenenvijftig	пятьдесят один	[pɪtʲdesʲát ɔdín]
tweeënvijftig	пятьдесят два	[pɪtʲdesʲát dvá]
drieënvijftig	пятьдесят три	[pɪtʲdesʲát trí]
zestig	шестьдесят	[ʃɛstʲdesʲát]
eenenzestig	шестьдесят один	[ʃɛstʲdesʲát ɔdín]
tweeënzestig	шестьдесят два	[ʃɛstʲdesʲát dvá]
drieënzestig	шестьдесят три	[ʃɛstʲdesʲát trí]
zeventig	семьдесят	[sémʲdesɪt]
eenenzeventig	семьдесят один	[sémʲdesɪt ɔdín]
tweeënzeventig	семьдесят два	[sémʲdesɪt dvá]
drieënzeventig	семьдесят три	[sémʲdesɪt trí]
tachtig	восемьдесят	[vósemʲdesɪt]
eenentachtig	восемьдесят один	[vósemʲdesɪt ɔdín]
tweeëntachtig	восемьдесят два	[vósemʲdesɪt dvá]
drieëntachtig	восемьдесят три	[vósemʲdesɪt trí]
negentig	девяносто	[devɪnóstɔ]
eenennegentig	девяносто один	[devɪnóstɔ ɔdín]
tweeënnegentig	девяносто два	[devɪnóstɔ dvá]
drieënnegentig	девяносто три	[devɪnóstɔ trí]

5. Kardinale getallen. Deel 2

honderd	сто	[stó]
tweehonderd	двести	[dvésti]
driehonderd	триста	[trísta]
vierhonderd	четыреста	[ʧetîresta]
vijfhonderd	пятьсот	[pɪtʲsót]
zeshonderd	шестьсот	[ʃɛstʲsót]
zevenhonderd	семьсот	[semʲsót]
achthonderd	восемьсот	[vɔsemʲsót]
negenhonderd	девятьсот	[devɪtʲsót]
duizend	тысяча	[tîsɪʧa]
tweeduizend	две тысячи	[dve tîsɪʧi]
drieduizend	три тысячи	[trí tîsɪʧi]
tienduizend	десять тысяч	[désɪtʲ tîsʲaʧ]
honderdduizend	сто тысяч	[stó tîsɪʧ]

miljoen (het)	миллион (м)	[milión]
miljard (het)	миллиард (м)	[miliárd]

6. Ordinale getallen

eerste (bn)	первый	[pérvij]
tweede (bn)	второй	[ftɔrój]
derde (bn)	третий	[trétij]
vierde (bn)	четвёртый	[ʧetvǿrtij]
vijfde (bn)	пятый	[pʲátij]
zesde (bn)	шестой	[ʃɛstój]
zevende (bn)	седьмой	[sedʲmój]
achtste (bn)	восьмой	[vɔsʲmój]
negende (bn)	девятый	[devʲátij]
tiende (bn)	десятый	[desʲátij]

7. Getallen. Breuken

breukgetal (het)	дробь (ж)	[drópʲ]
half	одна вторая	[ɔdná ftɔrája]
een derde	одна третья	[ɔdná trétja]
kwart	одна четвёртая	[ɔdná ʧetvǿrtaja]
een achtste	одна восьмая	[ɔdná vɔsʲmája]
een tiende	одна десятая	[ɔdná desʲátaja]
twee derde	две третьих	[dve trétjih]
driekwart	три четвёртых	[trí ʧetvǿrtih]

8. Getallen. Eenvoudige berekeningen

aftrekking (de)	вычитание (с)	[vitʃitánie]
aftrekken (ww)	вычитать (нсв, пх)	[vitʃitátʲ]
deling (de)	деление (с)	[delénie]
delen (ww)	делить (нсв, пх)	[delítʲ]
optelling (de)	сложение (с)	[slɔʒǽnie]
erbij optellen	сложить (св, пх)	[slɔʒítʲ]
(bij elkaar voegen)		
optellen (ww)	прибавлять (нсв, пх)	[pribavlʲátʲ]
vermenigvuldiging (de)	умножение (с)	[umnɔʒǽnie]
vermenigvuldigen (ww)	умножать (нсв, пх)	[umnɔʒátʲ]

9. Getallen. Diversen

cijfer (het)	цифра (ж)	[tsīfra]
nummer (het)	число (с)	[ʧisló]
telwoord (het)	числительное (с)	[ʧislítelʲnɔe]

minteken (het)	ми́нус (м)	[mínus]
plusteken (het)	плюс (м)	[plʲús]
formule (de)	фо́рмула (ж)	[fórmula]

berekening (de)	вычисле́ние (с)	[vitʃislénie]
tellen (ww)	счита́ть (нсв, пх)	[ʃitátʲ]
bijrekenen (ww)	подсчи́тывать (нсв, пх)	[potʃítivatʲ]
vergelijken (ww)	сра́внивать (нсв, пх)	[srávnivatʲ]

Hoeveel?	Ско́лько?	[skólʲkɔ?]
som (de), totaal (het)	су́мма (ж)	[súmma]
uitkomst (de)	результа́т (м)	[rezulʲtát]
rest (de)	оста́ток (м)	[ɔstátɔk]

enkele (bijv. ~ minuten)	не́сколько	[néskɔlʲkɔ]
weinig (bw)	ма́ло	[málɔ]
restant (het)	остально́е (с)	[ɔstalʲnóe]
anderhalf	полтора́	[pɔltɔrá]
dozijn (het)	дю́жина (ж)	[dʲúʒina]

middendoor (bw)	попола́м	[pɔpɔlám]
even (bw)	по́ровну	[pórɔvnu]
helft (de)	полови́на (ж)	[pɔlɔvína]
keer (de)	раз (м)	[rás]

10. De belangrijkste werkwoorden. Deel 1

aanbevelen (ww)	рекомендова́ть (нсв, пх)	[rekɔmendɔvátʲ]
aandringen (ww)	наста́ивать (нсв, нпх)	[nastáivatʲ]
aankomen (per auto, enz.)	приезжа́ть (нсв, нпх)	[prieʒʒátʲ]
aanraken (ww)	тро́гать (нсв, пх)	[trógatʲ]
adviseren (ww)	сове́товать (нсв, пх)	[sɔvétɔvatʲ]

afdalen (on.ww.)	спуска́ться (нсв, возв)	[spuskátsa]
afslaan (naar rechts ~)	повора́чивать (нсв, нпх)	[pɔvɔrátʃivatʲ]
antwoorden (ww)	отвеча́ть (нсв, пх)	[ɔtvetʃátʲ]
bang zijn (ww)	боя́ться (нсв, возв)	[bɔjátsa]
bedreigen (bijv. met een pistool)	угрожа́ть (нсв, пх)	[ugrɔʒátʲ]

bedriegen (ww)	обма́нывать (нсв, пх)	[ɔbmánivatʲ]
beëindigen (ww)	зака́нчивать (нсв, пх)	[zakántʃivatʲ]
beginnen (ww)	начина́ть (нсв, пх)	[natʃinátʲ]
begrijpen (ww)	понима́ть (нсв, пх)	[pɔnimátʲ]
beheren (managen)	руководи́ть (нсв, пх)	[rukɔvɔdítʲ]

beledigen (met scheldwoorden)	оскорбля́ть (нсв, пх)	[ɔskɔrblʲátʲ]
beloven (ww)	обеща́ть (н/св, пх)	[obeʃátʲ]
bereiden (koken)	гото́вить (нсв, пх)	[gɔtóvitʲ]
bespreken (spreken over)	обсужда́ть (нсв, пх)	[ɔpsuʒdátʲ]

| bestellen (eten ~) | зака́зывать (нсв, пх) | [zakázivatʲ] |
| bestraffen (een stout kind ~) | нака́зывать (нсв, пх) | [nakázivatʲ] |

betalen (ww)	платить (нсв, н/пх)	[platít⁾]
betekenen (beduiden)	означать (нсв, пх)	[ɔznatʃát⁾]
betreuren (ww)	сожалеть (нсв, нпх)	[sɔʒilét⁾]

bevallen (prettig vinden)	нравиться (нсв, возв)	[nrávitsa]
bevelen (mil.)	прıказывать (нсв, пх)	[prikázivat⁾]
bevrijden (stad, enz.)	освобождать (нсв, пх)	[ɔsvɔbɔʒdát⁾]
bewaren (ww)	сохранять (нсв, пх)	[sɔhranʲát⁾]
bezitten (ww)	владеть (нсв, пх)	[vladét⁾]

bidden (praten met God)	молиться (нсв, возв)	[mɔlítsa]
binnengaan (een kamer ~)	входить (нсв, нпх)	[fhɔdít⁾]
breken (ww)	ломать (нсв, пх)	[lɔmát⁾]
controleren (ww)	контролировать (нсв, пх)	[kɔntrɔlírɔvat⁾]
creëren (ww)	создать (св, пх)	[sɔzdát⁾]

deelnemen (ww)	участвовать (нсв, нпх)	[utʃástvɔvat⁾]
denken (ww)	думать (нсв, н/пх)	[dúmat⁾]
doden (ww)	убивать (нсв, пх)	[ubivát⁾]
doen (ww)	делать (нсв, пх)	[délat⁾]
dorst hebben (ww)	хотеть пить	[hɔtétʲ pítʲ]

11. De belangrijkste werkwoorden. Deel 2

een hint geven	подсказать (св, пх)	[potskazát⁾]
eisen (met klem vragen)	требовать (нсв, пх)	[trébɔvat⁾]
excuseren (vergeven)	извинять (нсв, пх)	[izvinʲát⁾]
existeren (bestaan)	существовать (нсв, нпх)	[suʃestvɔvát⁾]
gaan (te voet)	идти (нсв, нпх)	[itʲtí]

gaan zitten (ww)	садиться (нсв, возв)	[sadítsa]
gaan zwemmen	купаться (нсв, возв)	[kupátsa]
geven (ww)	давать (нсв, пх)	[davát⁾]
glimlachen (ww)	улыбаться (нсв, возв)	[ulibátsa]
goed raden (ww)	отгадать (св, пх)	[ɔdgadát⁾]

| grappen maken (ww) | шутить (нсв, нпх) | [ʃutít⁾] |
| graven (ww) | рыть (нсв, пх) | [rĩt⁾] |

hebben (ww)	иметь (нсв, пх)	[imét⁾]
helpen (ww)	помогать (нсв, пх)	[pomɔgát⁾]
herhalen (opnieuw zeggen)	повторять (нсв, пх)	[pɔftɔrʲát⁾]
honger hebben (ww)	хотеть есть (нсв)	[hɔtétʲ ést⁾]

hopen (ww)	надеяться (нсв, возв)	[nadéitsa]
horen	слышать (нсв, пх)	[slĩʃat⁾]
(waarnemen met het oor)		
huilen (wenen)	плакать (нсв, нпх)	[plákat⁾]
huren (huis, kamer)	снимать (нсв, пх)	[snimát⁾]
informeren (informatie geven)	информировать (н/св, пх)	[infɔrmírɔvat⁾]
instemmen (akkoord gaan)	соглашаться (нсв, возв)	[sɔglaʃátsa]
jagen (ww)	охотиться (нсв, возв)	[ɔhótitsa]
kennen (kennis hebben van iemand)	знать (нсв, пх)	[znát⁾]

| kiezen (ww) | выбирать (нсв, пх) | [vibirát^j] |
| klagen (ww) | жаловаться (нсв, возв) | [ʒálovatsa] |

kosten (ww)	стоить (нсв, пх)	[stóit^j]
kunnen (ww)	мочь (нсв, нпх)	[mótʃ^j]
lachen (ww)	смеяться (нсв, возв)	[smejátsa]
laten vallen (ww)	ронять (нсв, пх)	[ron^ját^j]
lezen (ww)	читать (нсв, н/пх)	[tʃitát^j]

liefhebben (ww)	любить (нсв, пх)	[l^jubít^j]
lunchen (ww)	обедать (нсв, нпх)	[ɔbédat^j]
nemen (ww)	брать (нсв), взять (св)	[brát^j], [vz^ját^j]
nodig zijn (ww)	требоваться (нсв, возв)	[trébɔvatsa]

12. De belangrijkste werkwoorden. Deel 3

onderschatten (ww)	недооценивать (нсв, пх)	[nedɔɔtsǽnivat^j]
ondertekenen (ww)	подписывать (нсв, пх)	[pɔtpísivat^j]
ontbijten (ww)	завтракать (нсв, нпх)	[záftrakat^j]
openen (ww)	открывать (нсв, пх)	[ɔtkrivát^j]
ophouden (ww)	прекращать (нсв, пх)	[prekraʃát^j]
opmerken (zien)	замечать (нсв, пх)	[zametʃát^j]

opscheppen (ww)	хвастаться (нсв, возв)	[hvástatsa]
opschrijven (ww)	записывать (нсв, пх)	[zapísivat^j]
plannen (ww)	планировать (нсв, пх)	[planírovat^j]
prefereren (verkiezen)	предпочитать (нсв, пх)	[pretpɔtʃitát^j]
proberen (trachten)	пробовать (нсв, пх)	[próbovat^j]
redden (ww)	спасать (нсв, пх)	[spasát^j]

rekenen op …	рассчитывать на … (нсв)	[raʃítivat^j na …]
rennen (ww)	бежать (н/св, нпх)	[beʒát^j]
reserveren (een hotelkamer ~)	резервировать (н/св, пх)	[rezervírovat^j]
roepen (om hulp)	звать (нсв, пх)	[zvát^j]
schieten (ww)	стрелять (нсв, нпх)	[strel^ját^j]
schreeuwen (ww)	кричать (нсв, нпх)	[kritʃát^j]

schrijven (ww)	писать (нсв, пх)	[pisát^j]
souperen (ww)	ужинать (нсв, нпх)	[úʒinat^j]
spelen (kinderen)	играть (нсв, нпх)	[igrát^j]
spreken (ww)	говорить (нсв, н/пх)	[gɔvorít^j]
stelen (ww)	красть (нсв, н/пх)	[krást^j]
stoppen (pauzeren)	останавливаться (нсв, возв)	[ɔstanávlivatsa]

studeren (Nederlands ~)	изучать (нсв, пх)	[izutʃát^j]
sturen (zenden)	отправлять (нсв, пх)	[ɔtpravl^ját^j]
tellen (optellen)	считать (нсв, пх)	[ʃitát^j]
toebehoren aan …	принадлежать … (нсв, нпх)	[prinadleʒát^j …]
toestaan (ww)	разрешать (нсв, пх)	[razreʃát^j]
tonen (ww)	показывать (нсв, пх)	[pɔkázivat^j]

| twijfelen (onzeker zijn) | сомневаться (нсв, возв) | [sɔmnevátsa] |
| uitgaan (ww) | выходить (нсв, нпх) | [vihɔdít^j] |

uitnodigen (ww)	приглашать (нсв, пх)	[priglaʃátʲ]
uitspreken (ww)	произносить (нсв, пх)	[prɔiznɔsítʲ]
uitvaren tegen (ww)	ругать (нсв, пх)	[rugátʲ]

13. De belangrijkste werkwoorden. Deel 4

vallen (ww)	падать (нсв, нпх)	[pádatʲ]
vangen (ww)	ловить (нсв, пх)	[lɔvítʲ]
veranderen (anders maken)	изменить (св, пх)	[izmenítʲ]
verbaasd zijn (ww)	удивляться (нсв, возв)	[udivlʲátsa]
verbergen (ww)	прятать (нсв, пх)	[prʲátatʲ]

verdedigen (je land ~)	защищать (нсв, пх)	[zaʃiʃátʲ]
verenigen (ww)	объединять (нсв, пх)	[ɔbjedinʲátʲ]
vergelijken (ww)	сравнивать (нсв, пх)	[srávnivatʲ]
vergeten (ww)	забывать (нсв, пх)	[zabivátʲ]
vergeven (ww)	прощать (нсв, пх)	[prɔʃátʲ]

verklaren (uitleggen)	объяснять (нсв, пх)	[ɔbjɪsnʲátʲ]
verkopen (per stuk ~)	продавать (нсв, пх)	[prɔdavátʲ]
vermelden (praten over)	упоминать (нсв, пх)	[upɔminátʲ]
versieren (decoreren)	украшать (нсв, пх)	[ukraʃátʲ]
vertalen (ww)	переводить (нсв, пх)	[perevɔdítʲ]

vertrouwen (ww)	доверять (нсв, пх)	[dɔverʲátʲ]
vervolgen (ww)	продолжать (нсв, пх)	[prɔdɔlʒátʲ]
verwarren (met elkaar ~)	путать (нсв, пх)	[pútatʲ]
verzoeken (ww)	просить (нсв, пх)	[prɔsítʲ]
verzuimen (school, enz.)	пропускать (нсв, пх)	[prɔpuskátʲ]

vinden (ww)	находить (нсв, пх)	[nahɔdítʲ]
vliegen (ww)	лететь (нсв, нпх)	[letétʲ]
volgen (ww)	следовать за ... (нсв)	[slédɔvatʲ za ...]
voorstellen (ww)	предлагать (нсв, пх)	[predlagátʲ]
voorzien (verwachten)	предвидеть (нсв, пх)	[predvídetʲ]
vragen (ww)	спрашивать (нсв, пх)	[spráʃivatʲ]

waarnemen (ww)	наблюдать (нсв, н/пх)	[nablʲudátʲ]
waarschuwen (ww)	предупреждать (нсв, пх)	[predupreʒdátʲ]
wachten (ww)	ждать (нсв, пх)	[ʒdátʲ]
weerspreken (ww)	возражать (нсв, н/пх)	[vɔzraʒátʲ]
weigeren (ww)	отказываться (нсв, возв)	[ɔtkázivatsa]

werken (ww)	работать (нсв, нпх)	[rabótatʲ]
willen (verlangen)	хотеть (нсв, пх)	[hɔtétʲ]
zeggen (ww)	сказать (нсв, пх)	[skazátʲ]
zich haasten (ww)	торопиться (нсв, возв)	[tɔrɔpítsa]

zich interesseren voor ...	интересоваться (нсв, возв)	[interesɔvátsa]
zich vergissen (ww)	ошибаться (нсв, возв)	[ɔʃibátsa]
zich verontschuldigen	извиняться (нсв, возв)	[izvinʲátsa]
zien (ww)	видеть (нсв, пх)	[vídetʲ]
zijn (ww)	быть (нсв, нпх)	[bĩtʲ]
zoeken (ww)	искать ... (нсв, пх)	[iskátʲ ...]

zwemmen (ww)   плавать (нсв, нпх)   [plávat']
zwijgen (ww)   молчать (нсв, нпх)   [moltʃát']

14. Kleuren

kleur (de)	цвет (м)	[ʦvét]
tint (de)	оттенок (м)	[ɔtténɔk]
kleurnuance (de)	тон (м)	[tón]
regenboog (de)	радуга (ж)	[ráduga]

wit (bn)	белый	[bélij]
zwart (bn)	чёрный	[tʃórnij]
grijs (bn)	серый	[sérij]

groen (bn)	зелёный	[zelónij]
geel (bn)	жёлтый	[ʒóltij]
rood (bn)	красный	[krásnij]

blauw (bn)	синий	[sínij]
lichtblauw (bn)	голубой	[gɔlubój]
roze (bn)	розовый	[rózɔvij]
oranje (bn)	оранжевый	[ɔránʒevij]
violet (bn)	фиолетовый	[fiɔlétɔvij]
bruin (bn)	коричневый	[kɔrítʃnevij]

goud (bn)	золотой	[zɔlɔtój]
zilverkleurig (bn)	серебристый	[serebrístij]

beige (bn)	бежевый	[béʒevij]
roomkleurig (bn)	кремовый	[krémɔvij]
turkoois (bn)	бирюзовый	[bir'uzóvij]
kersrood (bn)	вишнёвый	[viʃnóvij]
lila (bn)	лиловый	[lilóvij]
karmijnrood (bn)	малиновый	[malínɔvij]

licht (bn)	светлый	[svétlij]
donker (bn)	тёмный	[tómnij]
fel (bn)	яркий	[járkij]

kleur-, kleurig (bn)	цветной	[ʦvetnój]
kleuren- (abn)	цветной	[ʦvetnój]
zwart-wit (bn)	чёрно-белый	[tʃórnɔ-bélij]
eenkleurig (bn)	одноцветный	[ɔdnɔʦvétnij]
veelkleurig (bn)	разноцветный	[raznɔʦvétnij]

15. Vragen

Wie?	Кто?	[któ?]
Wat?	Что?	[ʃtó?]
Waar?	Где?	[gdé?]
Waarheen?	Куда?	[kudá?]
Waarvandaan?	Откуда?	[ɔtkúda?]

Wanneer?	Когда?	[kɔgdá?]
Waarom?	Зачем?	[zatʃém?]
Waarom?	Почему?	[pɔtʃemú?]

Waarvoor dan ook?	Для чего?	[dlʲa tʃevó?]
Hoe?	Как?	[kák?]
Wat voor …?	Какой?	[kakój?]
Welk?	Который?	[kɔtórij?]

Aan wie?	Кому?	[kɔmú?]
Over wie?	О ком?	[ɔ kóm?]
Waarover?	О чём?	[ɔ tʃóm?]
Met wie?	С кем?	[s kém?]

Hoeveel?	Сколько?	[skólʲkɔ?]
Hoeveel? (ontelb.)	Сколько?	[skólʲkɔ?]
Van wie? (mann.)	Чей?	[tʃéj?]
Van wie? (vrouw.)	Чья?	[tʃjá?]
Van wie? (mv.)	Чьи?	[tʃjí?]

16. Voorzetsels

met (bijv. ~ beleg)	с	[s]
zonder (~ accent)	без	[bez], [bes]
naar (in de richting van)	в	[f], [v]
over (praten ~)	о	[ɔ]
voor (in tijd)	перед	[péred]
voor (aan de voorkant)	перед	[péred]

onder (lager dan)	под	[pɔd]
boven (hoger dan)	над	[nád]
op (bovenop)	на	[na]
van (uit, afkomstig van)	из	[iz], [is]
van (gemaakt van)	из	[iz], [is]

| over (bijv. ~ een uur) | через | [tʃérez] |
| over (over de bovenkant) | через | [tʃérez] |

17. Functiewoorden. Bijwoorden. Deel 1

Waar?	Где?	[gdé?]
hier (bw)	здесь	[zdésʲ]
daar (bw)	там	[tám]

| ergens (bw) | где-то | [gdé-tɔ] |
| nergens (bw) | нигде | [nigdé] |

| bij … (in de buurt) | у, около | [u], [ókɔlɔ] |
| bij het raam | у окна | [u ɔkná] |

| Waarheen? | Куда? | [kudá?] |
| hierheen (bw) | сюда | [sʲudá] |

daarheen (bw)	туда	[tudá]
hiervandaan (bw)	отсюда	[ɔtsʲúda]
daarvandaan (bw)	оттуда	[ɔttúda]
dichtbij (bw)	близко	[blískɔ]
ver (bw)	далеко	[dalekó]
in de buurt (van …)	около	[ókɔlɔ]
dichtbij (bw)	рядом	[rʲádɔm]
niet ver (bw)	недалеко	[nedalekó]
linker (bn)	левый	[lévij]
links (bw)	слева	[sléva]
linksaf, naar links (bw)	налево	[nalévɔ]
rechter (bn)	правый	[právij]
rechts (bw)	справа	[správa]
rechtsaf, naar rechts (bw)	направо	[naprávɔ]
vooraan (bw)	спереди	[spéredi]
voorste (bn)	передний	[perédnij]
vooruit (bw)	вперёд	[fperǿd]
achter (bw)	сзади	[szádi]
van achteren (bw)	сзади	[szádi]
achteruit (naar achteren)	назад	[nazád]
midden (het)	середина (ж)	[seredína]
in het midden (bw)	посередине	[pɔseredíne]
opzij (bw)	сбоку	[zbóku]
overal (bw)	везде	[vezdé]
omheen (bw)	вокруг	[vɔkrúg]
binnenuit (bw)	изнутри	[iznutrí]
naar ergens (bw)	куда-то	[kudá-tɔ]
rechtdoor (bw)	напрямик	[naprɪmík]
terug (bijv. ~ komen)	обратно	[ɔbrátnɔ]
ergens vandaan (bw)	откуда-нибудь	[ɔtkúda-nibutʲ]
ergens vandaan	откуда-то	[ɔtkúda-tɔ]
(en dit geld moet ~ komen)		
ten eerste (bw)	во-первых	[vɔ-pérvih]
ten tweede (bw)	во-вторых	[vɔ-ftɔrīh]
ten derde (bw)	в-третьих	[f trétjih]
plotseling (bw)	вдруг	[vdrúg]
in het begin (bw)	вначале	[vnatʃále]
voor de eerste keer (bw)	впервые	[fpervīje]
lang voor … (bw)	задолго до …	[zadólgɔ dɔ …]
opnieuw (bw)	заново	[zánɔvɔ]
voor eeuwig (bw)	насовсем	[nasɔfsém]
nooit (bw)	никогда	[nikɔgdá]
weer (bw)	опять	[ɔpʲátʲ]

nu (bw)	теперь	[tepérʲ]
vaak (bw)	часто	[ʧástɔ]
toen (bw)	тогда	[tɔgdá]
urgent (bw)	срочно	[sróʧnɔ]
meestal (bw)	обычно	[ɔbíʧnɔ]

trouwens, ... (tussen haakjes)	кстати, ...	[kstáti, ...]
mogelijk (bw)	возможно	[vɔzmóʒnɔ]
waarschijnlijk (bw)	вероятно	[verɔjátnɔ]
misschien (bw)	может быть	[móʒet bítʲ]
trouwens (bw)	кроме того, ...	[krómе tɔvó, ...]
daarom ...	поэтому ...	[pɔǽtɔmu ...]
in weerwil van ...	несмотря на ...	[nesmɔtrʲá na ...]
dankzij ...	благодаря ...	[blagɔdarʲá ...]

wat (vn)	что	[ʃtó]
dat (vw)	что	[ʃtó]
iets (vn)	что-то	[ʃtó-tɔ]
iets	что-нибудь	[ʃtó-nibutʲ]
niets (vn)	ничего	[niʧevó]

wie (~ is daar?)	кто	[któ]
iemand (een onbekende)	кто-то	[któ-tɔ]
iemand (een bepaald persoon)	кто-нибудь	[któ-nibutʲ]

niemand (vn)	никто	[niktó]
nergens (bw)	никуда	[nikudá]
niemands (bn)	ничей	[niʧéj]
iemands (bn)	чей-нибудь	[ʧej-nibútʲ]

zo (Ik ben ~ blij)	так	[ták]
ook (evenals)	также	[tágʒe]
alsook (eveneens)	тоже	[tóʒe]

18. Functiewoorden. Bijwoorden. Deel 2

Waarom?	Почему?	[pɔʧemú?]
om een bepaalde reden	почему-то	[pɔʧemú-tɔ]
omdat ...	потому, что ...	[pɔtɔmú, ʃtó ...]
voor een bepaald doel	зачем-то	[zaʧém-tɔ]

en (vw)	и	[i]
of (vw)	или	[íli]
maar (vw)	но	[nó]
voor (vz)	для	[dlʲá]

te (~ veel mensen)	слишком	[slíʃkɔm]
alleen (bw)	только	[tólʲkɔ]
precies (bw)	точно	[tóʧnɔ]
ongeveer (~ 10 kg)	около	[ókɔlɔ]
omstreeks (bw)	приблизительно	[priblizítelʲnɔ]
bij benadering (bn)	приблизительный	[priblizítelʲnij]

| bijna (bw) | почти | [pɔtʃtí] |
| rest (de) | остальное (c) | [ɔstalʲnóe] |

elk (bn)	каждый	[káʒdij]
om het even welk	любой	[lʲubój]
veel (grote hoeveelheid)	много	[mnógɔ]
veel mensen	многие	[mnógie]
iedereen (alle personen)	все	[fsé]

in ruil voor ...	в обмен на ...	[v ɔbmén na ...]
in ruil (bw)	взамен	[vzamén]
met de hand (bw)	вручную	[vrutʃnúju]
onwaarschijnlijk (bw)	вряд ли	[vrʲát lí]

waarschijnlijk (bw)	наверное	[navérnɔe]
met opzet (bw)	нарочно	[naróʃnɔ]
toevallig (bw)	случайно	[slutʃájnɔ]

zeer (bw)	очень	[ótʃenʲ]
bijvoorbeeld (bw)	например	[naprimér]
tussen (~ twee steden)	между	[méʒdu]
tussen (te midden van)	среди	[sredí]
zoveel (bw)	столько	[stólʲkɔ]
vooral (bw)	особенно	[ɔsóbennɔ]

Basisbegrippen Deel 2

19. Dagen van de week

maandag (de)	понедельник (м)	[pɔnedélʲnik]
dinsdag (de)	вторник (м)	[ftórnik]
woensdag (de)	среда (ж)	[sredá]
donderdag (de)	четверг (м)	[tʃetvérg]
vrijdag (de)	пятница (ж)	[pʲátnitsa]
zaterdag (de)	суббота (ж)	[subóta]
zondag (de)	воскресенье (с)	[vɔskresénje]
vandaag (bw)	сегодня	[sevódnʲa]
morgen (bw)	завтра	[záftra]
overmorgen (bw)	послезавтра	[pɔslezáftra]
gisteren (bw)	вчера	[ftʃerá]
eergisteren (bw)	позавчера	[pɔzaftʃerá]
dag (de)	день (м)	[dénʲ]
werkdag (de)	рабочий день (м)	[rabótʃij dénʲ]
feestdag (de)	праздник (м)	[práznik]
verlofdag (de)	выходной день (м)	[vihɔdnój dénʲ]
weekend (het)	выходные (мн)	[vihɔdnĩje]
de hele dag (bw)	весь день	[vesʲ dénʲ]
de volgende dag (bw)	на следующий день	[na sléduʃij dénʲ]
twee dagen geleden	2 дня назад	[dvá dnʲá nazád]
aan de vooravond (bw)	накануне	[nakanúne]
dag-, dagelijks (bn)	ежедневный	[eʒednévnij]
elke dag (bw)	ежедневно	[eʒednévnɔ]
week (de)	неделя (ж)	[nedélʲa]
vorige week (bw)	на прошлой неделе	[na próʃɔj nedéle]
volgende week (bw)	на следующей неделе	[na sléduʃej nedéle]
wekelijks (bn)	еженедельный	[eʒenedélʲnij]
elke week (bw)	еженедельно	[eʒenedélʲnɔ]
twee keer per week	2 раза в неделю	[dvá ráza v nedélʲu]
elke dinsdag	каждый вторник	[káʒdij ftórnik]

20. Uren. Dag en nacht

morgen (de)	утро (с)	[útrɔ]
's morgens (bw)	утром	[útrɔm]
middag (de)	полдень (м)	[póldenʲ]
's middags (bw)	после обеда	[pósle ɔbéda]
avond (de)	вечер (м)	[vétʃer]
's avonds (bw)	вечером	[vétʃerɔm]

nacht (de)	ночь (ж)	[nótʃʲ]
's nachts (bw)	ночью	[nótʃʲu]
middernacht (de)	полночь (ж)	[pólnɔtʃʲ]

seconde (de)	секунда (ж)	[sekúnda]
minuut (de)	минута (ж)	[minúta]
uur (het)	час (м)	[ʧás]
halfuur (het)	полчаса (мн)	[pɔlʧasá]
kwartier (het)	четверть (ж) часа	[ʧétvertʲ ʧása]
vijftien minuten	15 минут	[pitnátsatʲ minút]
etmaal (het)	сутки (мн)	[sútki]

zonsopgang (de)	восход (м) солнца	[vɔsxód sónʦa]
dageraad (de)	рассвет (м)	[rasvét]
vroege morgen (de)	раннее утро (с)	[ránnee útrɔ]
zonsondergang (de)	закат (м)	[zakát]

's morgens vroeg (bw)	рано утром	[ránɔ útrɔm]
vanmorgen (bw)	сегодня утром	[sevódnʲa útrɔm]
morgenochtend (bw)	завтра утром	[záftra útrɔm]

vanmiddag (bw)	сегодня днём	[sevódnʲa dnǿm]
's middags (bw)	после обеда	[pósle ɔbéda]
morgenmiddag (bw)	завтра после обеда	[záftra pósle ɔbéda]

| vanavond (bw) | сегодня вечером | [sevódnʲa véʧerɔm] |
| morgenavond (bw) | завтра вечером | [záftra veʧerɔm] |

klokslag drie uur	ровно в 3 часа	[róvnɔ f trí ʧasá]
ongeveer vier uur	около 4-х часов	[ókɔlɔ ʧetīrǿh ʧasóf]
tegen twaalf uur	к 12-ти часам	[k dvenátsatí ʧasám]

over twintig minuten	через 20 минут	[ʧéres dvátsatʲ minút]
over een uur	через час	[ʧéres ʧás]
op tijd (bw)	вовремя	[vóvremʲa]

kwart voor …	без четверти …	[bes ʧétverti …]
binnen een uur	в течение часа	[f tetʃénie ʧása]
elk kwartier	каждые 15 минут	[káʒdie pitnátsatʲ minút]
de klok rond	круглые сутки	[krúglie sútki]

21. Maanden. Seizoenen

januari (de)	январь (м)	[jɪnvárʲ]
februari (de)	февраль (м)	[fevrálʲ]
maart (de)	март (м)	[márt]
april (de)	апрель (м)	[aprélʲ]
mei (de)	май (м)	[máj]
juni (de)	июнь (м)	[ijúnʲ]

juli (de)	июль (м)	[ijúlʲ]
augustus (de)	август (м)	[ávgust]
september (de)	сентябрь (м)	[sentʲábrʲ]
oktober (de)	октябрь (м)	[ɔktʲábrʲ]

november (de)	ноябрь (м)	[nɔjábrʲ]
december (de)	декабрь (м)	[dekábrʲ]
lente (de)	весна (ж)	[vesná]
in de lente (bw)	весной	[vesnój]
lente- (abn)	весенний	[vesénnij]
zomer (de)	лето (c)	[létɔ]
in de zomer (bw)	летом	[létɔm]
zomer-, zomers (bn)	летний	[létnij]
herfst (de)	осень (ж)	[ósenʲ]
in de herfst (bw)	осенью	[ósenju]
herfst- (abn)	осенний	[ɔsénnij]
winter (de)	зима (ж)	[zimá]
in de winter (bw)	зимой	[zimój]
winter- (abn)	зимний	[zímnij]
maand (de)	месяц (м)	[mésɪts]
deze maand (bw)	в этом месяце	[v ǽtɔm mésɪtse]
volgende maand (bw)	в следующем месяце	[f sléduʃʲem mésɪtse]
vorige maand (bw)	в прошлом месяце	[f próʃlɔm mésɪtse]
een maand geleden (bw)	месяц назад	[mésɪts nazád]
over een maand (bw)	через месяц	[tʃʲéres mésɪts]
over twee maanden (bw)	через 2 месяца	[tʃʲéres dvá mésɪtsa]
de hele maand (bw)	весь месяц	[vesʲ mésɪts]
een volle maand (bw)	целый месяц	[tsǽlij mésɪts]
maand-, maandelijks (bn)	ежемесячный	[eʒemésɪtʃʲnij]
maandelijks (bw)	ежемесячно	[eʒemésɪtʃʲnɔ]
elke maand (bw)	каждый месяц	[káʒdij mésɪts]
twee keer per maand	2 раза в месяц	[dvá ráza v mésɪts]
jaar (het)	год (м)	[gód]
dit jaar (bw)	в этом году	[v ǽtɔm gɔdú]
volgend jaar (bw)	в следующем году	[f sléduʃʲem gɔdú]
vorig jaar (bw)	в прошлом году	[f próʃlɔm gɔdú]
een jaar geleden (bw)	год назад	[gót nazád]
over een jaar	через год	[tʃʲéres gód]
over twee jaar	через 2 года	[tʃʲéres dvá góda]
het hele jaar	весь год	[vesʲ gód]
een vol jaar	целый год	[tsǽlij gód]
elk jaar	каждый год	[káʒdij gód]
jaar-, jaarlijks (bn)	ежегодный	[eʒegódnij]
jaarlijks (bw)	ежегодно	[eʒegódnɔ]
4 keer per jaar	4 раза в год	[tʃʲetɪ̄re ráza v gód]
datum (de)	число (c)	[tʃʲisló]
datum (de)	дата (ж)	[dáta]
kalender (de)	календарь (м)	[kalendárʲ]
een half jaar	полгода	[pɔlgóda]
zes maanden	полугодие (c)	[pɔlugódie]

| seizoen (bijv. lente, zomer) | сезон (м) | [sezón] |
| eeuw (de) | век (м) | [vék] |

22. Meeteenheden

gewicht (het)	вес (м)	[vés]
lengte (de)	длина (ж)	[dliná]
breedte (de)	ширина (ж)	[ʃiriná]
hoogte (de)	высота (ж)	[visɔtá]
diepte (de)	глубина (ж)	[glubiná]
volume (het)	объём (м)	[ɔbjóm]
oppervlakte (de)	площадь (ж)	[plóʃatʲ]

gram (het)	грамм (м)	[grám]
milligram (het)	миллиграмм (м)	[miligrám]
kilogram (het)	килограмм (м)	[kilɔgrám]
ton (duizend kilo)	тонна (ж)	[tónna]
pond (het)	фунт (м)	[fúnt]
ons (het)	унция (ж)	[úntsija]

meter (de)	метр (м)	[métr]
millimeter (de)	миллиметр (м)	[milimétr]
centimeter (de)	сантиметр (м)	[santimétr]
kilometer (de)	километр (м)	[kilɔmétr]
mijl (de)	миля (ж)	[mílʲa]

duim (de)	дюйм (м)	[dʲújm]
voet (de)	фут (м)	[fút]
yard (de)	ярд (м)	[járd]

| vierkante meter (de) | квадратный метр (м) | [kvadrátnij métr] |
| hectare (de) | гектар (м) | [gektár] |

liter (de)	литр (м)	[lítr]
graad (de)	градус (м)	[grádus]
volt (de)	вольт (м)	[vólʲt]
ampère (de)	ампер (м)	[ampér]
paardenkracht (de)	лошадиная сила (ж)	[lɔʃidínaja síla]

hoeveelheid (de)	количество (с)	[kɔlítʃestvɔ]
een beetje ...	немного ...	[nemnógɔ ...]
helft (de)	половина (ж)	[pɔlɔvína]

| dozijn (het) | дюжина (ж) | [dʲúʒina] |
| stuk (het) | штука (ж) | [ʃtúka] |

| afmeting (de) | размер (м) | [razmér] |
| schaal (bijv. ~ van 1 op 50) | масштаб (м) | [maʃtáb] |

minimaal (bn)	минимальный	[minimálʲnij]
minste (bn)	наименьший	[naiménʲʃij]
medium (bn)	средний	[srédnij]
maximaal (bn)	максимальный	[maksimálʲnij]
grootste (bn)	наибольший	[naibólʲʃij]

23. Containers

glazen pot (de)	банка (ж)	[bánka]
blik (conserven~)	банка (ж)	[bánka]
emmer (de)	ведро (с)	[vedró]
ton (bijv. regenton)	бочка (ж)	[bóʧka]

ronde waterbak (de)	таз (м)	[tás]
tank (bijv. watertank-70-ltr)	бак (м)	[bák]
heupfles (de)	фляжка (ж)	[flʲáʃka]
jerrycan (de)	канистра (ж)	[kanístra]
tank (bijv. ketelwagen)	цистерна (ж)	[ʦistǽrna]

beker (de)	кружка (ж)	[krúʃka]
kopje (het)	чашка (ж)	[ʧáʃka]
schoteltje (het)	блюдце (с)	[blʲútse]
glas (het)	стакан (м)	[stakán]
wijnglas (het)	бокал (м)	[bɔkál]
pan (de)	кастрюля (ж)	[kastrʲúlʲa]

fles (de)	бутылка (ж)	[butîlka]
flessenhals (de)	горлышко (с)	[górlɪʃkɔ]

karaf (de)	графин (м)	[grafín]
kruik (de)	кувшин (м)	[kuʃʃín]
vat (het)	сосуд (м)	[sɔsúd]
pot (de)	горшок (м)	[gɔrʃók]
vaas (de)	ваза (ж)	[váza]

flacon (de)	флакон (м)	[flakón]
flesje (het)	пузырёк (м)	[puzirǿk]
tube (bijv. ~ tandpasta)	тюбик (м)	[tʲúbik]

zak (bijv. ~ aardappelen)	мешок (м)	[meʃók]
tasje (het)	пакет (м)	[pakét]
pakje (~ sigaretten, enz.)	пачка (ж)	[páʧka]

doos (de)	коробка (ж)	[kɔrópka]
kist (de)	ящик (м)	[jáʃʲik]
mand (de)	корзина (ж)	[kɔrzína]

MENS

Mens. Het lichaam

24. Hoofd

hoofd (het)	голова (ж)	[gɔlɔvá]
gezicht (het)	лицо (с)	[liʦó]
neus (de)	нос (м)	[nós]
mond (de)	рот (м)	[rót]

oog (het)	глаз (м)	[glás]
ogen (mv.)	глаза (мн)	[glazá]
pupil (de)	зрачок (м)	[zraʧók]
wenkbrauw (de)	бровь (ж)	[brófʲ]
wimper (de)	ресница (ж)	[resníʦa]
ooglid (het)	веко (с)	[vékɔ]

tong (de)	язык (м)	[jɪzīk]
tand (de)	зуб (м)	[zúb]
lippen (mv.)	губы (мн)	[gúbɨ]
jukbeenderen (mv.)	скулы (мн)	[skúlɨ]
tandvlees (het)	десна (ж)	[desná]
gehemelte (het)	нёбо (с)	[nǿbɔ]

neusgaten (mv.)	ноздри (мн)	[nózdri]
kin (de)	подбородок (м)	[pɔdbɔródɔk]
kaak (de)	челюсть (ж)	[ʧélʲustʲ]
wang (de)	щека (ж)	[ʃʲeká]

voorhoofd (het)	лоб (м)	[lób]
slaap (de)	висок (м)	[visók]
oor (het)	ухо (с)	[úhɔ]
achterhoofd (het)	затылок (м)	[zatīlɔk]
hals (de)	шея (ж)	[ʃǽja]
keel (de)	горло (с)	[górlɔ]

haren (mv.)	волосы (мн)	[vólɔsɨ]
kapsel (het)	причёска (ж)	[priʧóska]
haarsnit (de)	стрижка (ж)	[stríʃka]
pruik (de)	парик (м)	[parík]

snor (de)	усы (м мн)	[usī]
baard (de)	борода (ж)	[bɔrɔdá]
dragen (een baard, enz.)	носить (нсв, пх)	[nɔsítʲ]
vlecht (de)	коса (ж)	[kɔsá]
bakkebaarden (mv.)	бакенбарды (мн)	[bakenbárdɨ]
ros (roodachtig, rossig)	рыжий	[rīʒij]
grijs (~ haar)	седой	[sedój]

kaal (bn)	лысый	[lɨ́sij]
kale plek (de)	лысина (ж)	[lɨ́sina]

paardenstaart (de)	хвост (м)	[hvóst]
pony (de)	чёлка (ж)	[tʃólka]

25. Menselijk lichaam

hand (de)	кисть (ж)	[kístʲ]
arm (de)	рука (ж)	[ruká]

vinger (de)	палец (м)	[pálets]
duim (de)	большой палец (м)	[bɔlʲʃój pálets]
pink (de)	мизинец (м)	[mizínets]
nagel (de)	ноготь (м)	[nógɔtʲ]

vuist (de)	кулак (м)	[kulák]
handpalm (de)	ладонь (ж)	[ladónʲ]
pols (de)	запястье (с)	[zapʲástje]
voorarm (de)	предплечье (с)	[pretplétʃje]
elleboog (de)	локоть (м)	[lókɔtʲ]
schouder (de)	плечо (с)	[pletʃó]

been (rechter ~)	нога (ж)	[nɔgá]
voet (de)	ступня (ж)	[stupnʲá]
knie (de)	колено (с)	[kɔlénɔ]
kuit (de)	икра (ж)	[ikrá]
heup (de)	бедро (с)	[bedró]
hiel (de)	пятка (ж)	[pʲátka]

lichaam (het)	тело (с)	[télɔ]
buik (de)	живот (м)	[ʒivót]
borst (de)	грудь (ж)	[grútʲ]
borst (de)	грудь (ж)	[grútʲ]
zijde (de)	бок (м)	[bók]
rug (de)	спина (ж)	[spiná]
lage rug (de)	поясница (ж)	[pɔjisnítsa]
taille (de)	талия (ж)	[tálija]

navel (de)	пупок (м)	[pupók]
billen (mv.)	ягодицы (мн)	[jágɔditsi]
achterwerk (het)	зад (м)	[zád]

huidvlek (de)	родинка (ж)	[ródinka]
moedervlek (de)	родимое пятно (с)	[rɔdímɔe pɪtnó]
tatoeage (de)	татуировка (ж)	[tatuirófka]
litteken (het)	шрам (м)	[ʃrám]

Kleding en accessoires

26. Bovenkleding. Jassen

kleren (mv.)	одежда (ж)	[ɔdéʒda]
bovenkleding (de)	верхняя одежда (ж)	[vérhnʲaja ɔdéʒda]
winterkleding (de)	зимняя одежда (ж)	[zímnʲaja ɔdéʒda]
jas (de)	пальто (с)	[palʲtó]
bontjas (de)	шуба (ж)	[ʃúba]
bontjasje (het)	полушубок (м)	[pɔluʃúbɔk]
donzen jas (de)	пуховик (м)	[puhɔvík]
jasje (bijv. een leren ~)	куртка (ж)	[kúrtka]
regenjas (de)	плащ (м)	[pláʃ]
waterdicht (bn)	непромокаемый	[neprɔmɔkáemij]

27. Heren & dames kleding

overhemd (het)	рубашка (ж)	[rubáʃka]
broek (de)	брюки (мн)	[brʲúki]
jeans (de)	джинсы (мн)	[dʒïnsɨ]
colbert (de)	пиджак (м)	[pidʒák]
kostuum (het)	костюм (м)	[kɔstʲúm]
jurk (de)	платье (с)	[plátje]
rok (de)	юбка (ж)	[júpka]
blouse (de)	блузка (ж)	[blúska]
wollen vest (de)	кофта (ж)	[kófta]
blazer (kort jasje)	жакет (м)	[ʒakét]
T-shirt (het)	футболка (ж)	[futbólka]
shorts (mv.)	шорты (мн)	[ʃórtɨ]
trainingspak (het)	спортивный костюм (м)	[spɔrtívnij kɔstʲúm]
badjas (de)	халат (м)	[halát]
pyjama (de)	пижама (ж)	[piʒáma]
sweater (de)	свитер (м)	[svítɛr]
pullover (de)	пуловер (м)	[pulóver]
gilet (het)	жилет (м)	[ʒɨlét]
rokkostuum (het)	фрак (м)	[frák]
smoking (de)	смокинг (м)	[smóking]
uniform (het)	форма (ж)	[fórma]
werkkleding (de)	рабочая одежда (ж)	[rabótʃaja ɔdéʒda]
overall (de)	комбинезон (м)	[kɔmbinezón]
doktersjas (de)	халат (м)	[halát]

28. Kleding. Ondergoed

ondergoed (het)	бельё (с)	[beljǿ]
herenslip (de)	трусы (м)	[trusí]
slipjes (mv.)	бельё (с)	[beljǿ]
onderhemd (het)	майка (ж)	[májka]
sokken (mv.)	носки (мн)	[nɔskí]
nachthemd (het)	ночная рубашка (ж)	[nɔʧnája rubáʃka]
beha (de)	бюстгальтер (м)	[bʲusgálʲter]
kniekousen (mv.)	гольфы (мн)	[gólʲfi]
panty (de)	колготки (мн)	[kɔlgótki]
nylonkousen (mv.)	чулки (мн)	[ʧʲulkí]
badpak (het)	купальник (м)	[kupálʲnik]

29. Hoofddeksels

hoed (de)	шапка (ж)	[ʃápka]
deukhoed (de)	шляпа (ж)	[ʃlʲápa]
honkbalpet (de)	бейсболка (ж)	[bejzbólka]
kleppet (de)	кепка (ж)	[képka]
baret (de)	берет (м)	[berét]
kap (de)	капюшон (м)	[kapʲuʃón]
panamahoed (de)	панамка (ж)	[panámka]
gebreide muts (de)	вязаная шапочка (ж)	[vʲázanaja ʃápoʧka]
hoofddoek (de)	платок (м)	[platók]
dameshoed (de)	шляпка (ж)	[ʃlʲápka]
veiligheidshelm (de)	каска (ж)	[káska]
veldmuts (de)	пилотка (ж)	[pilótka]
helm, valhelm (de)	шлем (м)	[ʃlém]
bolhoed (de)	котелок (м)	[kɔtelók]
hoge hoed (de)	цилиндр (м)	[tsilíndr]

30. Schoeisel

schoeisel (het)	обувь (ж)	[óbufʲ]
schoenen (mv.)	ботинки (мн)	[bɔtínki]
vrouwenschoenen (mv.)	туфли (мн)	[túfli]
laarzen (mv.)	сапоги (мн)	[sapɔgí]
pantoffels (mv.)	тапочки (мн)	[tápoʧki]
sportschoenen (mv.)	кроссовки (мн)	[krɔsófki]
sneakers (mv.)	кеды (мн)	[kédi]
sandalen (mv.)	сандалии (мн)	[sandálii]
schoenlapper (de)	сапожник (м)	[sapóʒnik]
hiel (de)	каблук (м)	[kablúk]

paar (een ~ schoenen)	пара (ж)	[pára]
veter (de)	шнурок (м)	[ʃnurók]
rijgen (schoenen ~)	шнуровать (нсв, пх)	[ʃnurováti]
schoenlepel (de)	рожок (м)	[rɔʒók]
schoensmeer (de/het)	крем (м) для обуви	[krém dlia óbuvi]

31. Persoonlijke accessoires

handschoenen (mv.)	перчатки (ж мн)	[pertʃátki]
wanten (mv.)	варежки (ж мн)	[váreʃki]
sjaal (fleece ~)	шарф (м)	[ʃárf]

bril (de)	очки (мн)	[otʃkí]
brilmontuur (het)	оправа (ж)	[opráva]
paraplu (de)	зонт (м)	[zónt]
wandelstok (de)	трость (ж)	[trósti]
haarborstel (de)	щётка (ж) для волос	[ʃ̢ǿtka dlia vɔlós]
waaier (de)	веер (м)	[véer]

das (de)	галстук (м)	[gálstuk]
strikje (het)	галстук-бабочка (м)	[gálstuk-bábotʃka]
bretels (mv.)	подтяжки (мн)	[pottiáʃki]
zakdoek (de)	носовой платок (м)	[nɔsɔvój platók]

kam (de)	расчёска (ж)	[raʃǿska]
haarspeldje (het)	заколка (ж)	[zakólka]
schuifspeldje (het)	шпилька (ж)	[ʃpíliˈka]
gesp (de)	пряжка (ж)	[priáʃka]

| broekriem (de) | пояс (м) | [pójas] |
| draagriem (de) | ремень (м) | [reméni] |

handtas (de)	сумка (ж)	[súmka]
damestas (de)	сумочка (ж)	[súmɔtʃka]
rugzak (de)	рюкзак (м)	[riukzák]

32. Kleding. Diversen

mode (de)	мода (ж)	[móda]
de mode (bn)	модный	[módnij]
kledingstilist (de)	модельер (м)	[mɔdɛljér]

kraag (de)	воротник (м)	[vɔrɔtník]
zak (de)	карман (м)	[karmán]
zak- (abn)	карманный	[karmánnij]
mouw (de)	рукав (м)	[rukáf]
lusje (het)	вешалка (ж)	[véʃəlka]
gulp (de)	ширинка (ж)	[ʃirínka]

rits (de)	молния (ж)	[mólnija]
sluiting (de)	застёжка (ж)	[zastǿʃka]
knoop (de)	пуговица (ж)	[púgɔvitsa]

knoopsgat (het)	петля (ж)	[petlʲá]
losraken (bijv. knopen)	оторваться (св, возв)	[ɔtɔrvátsa]

naaien (kleren, enz.)	шить (нсв, н/пх)	[ʃítʲ]
borduren (ww)	вышивать (нсв, н/пх)	[viʃivátʲ]
borduursel (het)	вышивка (ж)	[vɨʃifka]
naald (de)	иголка (ж)	[igólka]
draad (de)	нитка (ж)	[nítka]
naad (de)	шов (м)	[ʃóf]

vies worden (ww)	испачкаться (св, возв)	[ispátʃkatsa]
vlek (de)	пятно (с)	[pɪtnó]
gekreukt raken (ov. kleren)	помяться (нсв, возв)	[pɔmʲátsa]
scheuren (ov.ww.)	порвать (св, пх)	[pɔrvátʲ]
mot (de)	моль (м)	[mólʲ]

33. Persoonlijke verzorging. Schoonheidsmiddelen

tandpasta (de)	зубная паста (ж)	[zubnája pásta]
tandenborstel (de)	зубная щётка (ж)	[zubnája ʃʲǿtka]
tanden poetsen (ww)	чистить зубы	[tʃístitʲ zúbi]

scheermes (het)	бритва (ж)	[brítva]
scheerschuim (het)	крем (м) для бритья	[krém dlʲa britjá]
zich scheren (ww)	бриться (нсв, возв)	[brítsa]

zeep (de)	мыло (с)	[mɨ̄lɔ]
shampoo (de)	шампунь (м)	[ʃampúnʲ]

schaar (de)	ножницы (мн)	[nóʒnitsi]
nagelvijl (de)	пилочка (ж) для ногтей	[pílɔtʃka dlʲa nɔktéj]
nagelknipper (de)	щипчики (мн)	[ʃʲíptʃiki]
pincet (het)	пинцет (м)	[pintsǽt]

cosmetica (mv.)	косметика (ж)	[kɔsmétika]
masker (het)	маска (ж)	[máska]
manicure (de)	маникюр (м)	[manikʲúr]
manicure doen	делать маникюр	[délatʲ manikʲúr]
pedicure (de)	педикюр (м)	[pedikʲúr]

cosmetica tasje (het)	косметичка (ж)	[kɔsmetítʃka]
poeder (de/het)	пудра (ж)	[púdra]
poederdoos (de)	пудреница (ж)	[púdrenitsa]
rouge (de)	румяна (ж)	[rumʲána]

parfum (de/het)	духи (мн)	[duhí]
eau de toilet (de)	туалетная вода (ж)	[tualétnaja vɔdá]
lotion (de)	лосьон (м)	[lɔsjón]
eau de cologne (de)	одеколон (м)	[ɔdekɔlón]

oogschaduw (de)	тени (мн) для век	[téni dlʲa vék]
oogpotlood (het)	карандаш (м) для глаз	[karandáʃ dlʲa glás]
mascara (de)	тушь (ж)	[túʃ]
lippenstift (de)	губная помада (ж)	[gubnája pɔmáda]

nagellak (de)	лак (м) для ногтей	[lák dlʲa nɔktéj]
haarlak (de)	лак (м) для волос	[lák dlʲa vɔlós]
deodorant (de)	дезодорант (м)	[dezɔdɔránt]

crème (de)	крем (м)	[krém]
gezichtscrème (de)	крем (м) для лица	[krém dlʲa liʦá]
handcrème (de)	крем (м) для рук	[krém dlʲa rúk]
antirimpelcrème (de)	крем (м) против морщин	[krém prótif mɔrʃín]
dagcrème (de)	дневной крем (м)	[dnevnój krém]
nachtcrème (de)	ночной крем (м)	[nɔʧnój krém]
dag- (abn)	дневной	[dnevnój]
nacht- (abn)	ночной	[nɔʧnój]

tampon (de)	тампон (м)	[tampón]
toiletpapier (het)	туалетная бумага (ж)	[tualétnaja bumága]
föhn (de)	фен (м)	[fén]

34. Horloges. Klokken

polshorloge (het)	часы (мн)	[ʧasī]
wijzerplaat (de)	циферблат (м)	[ʦiferblát]
wijzer (de)	стрелка (ж)	[strélka]
metalen horlogeband (de)	браслет (м)	[braslét]
horlogebandje (het)	ремешок (м)	[remeʃók]

batterij (de)	батарейка (ж)	[bataréjka]
leeg zijn (ww)	сесть (св, нпх)	[séstʲ]
batterij vervangen	поменять батарейку	[pomenʲátʲ bataréjku]
voorlopen (ww)	спешить (нсв, нпх)	[speʃītʲ]
achterlopen (ww)	отставать (нсв, нпх)	[ɔtstavátʲ]

wandklok (de)	настенные часы (мн)	[nasténnie ʧasī]
zandloper (de)	песочные часы (мн)	[pesóʧnie ʧasī]
zonnewijzer (de)	солнечные часы (мн)	[sólneʧnie ʧasī]
wekker (de)	будильник (м)	[budílʲnik]
horlogemaker (de)	часовщик (м)	[ʧasɔfʃʲík]
repareren (ww)	ремонтировать (нсв, пх)	[remɔntírɔvatʲ]

Voedsel. Voeding

35. Voedsel

vlees (het)	мясо (с)	[mʲásɔ]
kip (de)	курица (ж)	[kúritsa]
kuiken (het)	цыплёнок (м)	[tsiplǿnɔk]
eend (de)	утка (ж)	[útka]
gans (de)	гусь (м)	[gúsʲ]
wild (het)	дичь (ж)	[dítʃʲ]
kalkoen (de)	индейка (ж)	[indéjka]
varkensvlees (het)	свинина (ж)	[svinína]
kalfsvlees (het)	телятина (ж)	[telʲátina]
schapenvlees (het)	баранина (ж)	[baránina]
rundvlees (het)	говядина (ж)	[gɔvʲádina]
konijnenvlees (het)	кролик (м)	[królik]
worst (de)	колбаса (ж)	[kɔlbasá]
saucijs (de)	сосиска (ж)	[sɔsíska]
spek (het)	бекон (м)	[bekón]
ham (de)	ветчина (ж)	[vettʃiná]
gerookte achterham (de)	окорок (м)	[ókɔrɔk]
paté (de)	паштет (м)	[paʃtét]
lever (de)	печень (ж)	[pétʃenʲ]
gehakt (het)	фарш (м)	[fárʃ]
tong (de)	язык (м)	[jɪzɨ̃k]
ei (het)	яйцо (с)	[jijtsó]
eieren (mv.)	яйца (мн)	[jájtsa]
eiwit (het)	белок (м)	[belók]
eigeel (het)	желток (м)	[ʒeltók]
vis (de)	рыба (ж)	[rɨ̃ba]
zeevruchten (mv.)	морепродукты (мн)	[mɔre·prɔdúkti]
schaaldieren (mv.)	ракообразные (мн)	[rakɔɔbráznie]
kaviaar (de)	икра (ж)	[ikrá]
krab (de)	краб (м)	[kráb]
garnaal (de)	креветка (ж)	[krevétka]
oester (de)	устрица (ж)	[ústritsa]
langoest (de)	лангуст (м)	[langúst]
octopus (de)	осьминог (м)	[ɔsʲminóg]
inktvis (de)	кальмар (м)	[kalʲmár]
steur (de)	осетрина (ж)	[ɔsetrína]
zalm (de)	лосось (м)	[lɔsósʲ]
heilbot (de)	палтус (м)	[páltus]
kabeljauw (de)	треска (ж)	[treská]

makreel (de)	скумбрия (ж)	[skúmbrija]
tonijn (de)	тунец (м)	[tunéts]
paling (de)	угорь (м)	[úgorʲ]
forel (de)	форель (ж)	[forǽlʲ]
sardine (de)	сардина (ж)	[sardína]
snoek (de)	щука (ж)	[ʃúka]
haring (de)	сельдь (ж)	[sélʲtʲ]
brood (het)	хлеб (м)	[hléb]
kaas (de)	сыр (м)	[sīr]
suiker (de)	сахар (м)	[sáhar]
zout (het)	соль (ж)	[sólʲ]
rijst (de)	рис (м)	[rís]
pasta (de)	макароны (мн)	[makaróni]
noedels (mv.)	лапша (ж)	[lapʃá]
boter (de)	сливочное масло (с)	[slívotʃnoe máslo]
plantaardige olie (de)	растительное масло (с)	[rastítelʲnoe máslo]
zonnebloemolie (de)	подсолнечное масло (с)	[potsólnetʃnoe máslo]
margarine (de)	маргарин (м)	[margarín]
olijven (mv.)	оливки (мн)	[olífki]
olijfolie (de)	оливковое масло (с)	[olífkovoe máslo]
melk (de)	молоко (с)	[molokó]
gecondenseerde melk (de)	сгущённое молоко (с)	[sguʃʲǿnoe molokó]
yoghurt (de)	йогурт (м)	[jógurt]
zure room (de)	сметана (ж)	[smetána]
room (de)	сливки (мн)	[slífki]
mayonaise (de)	майонез (м)	[majinǽs]
crème (de)	крем (м)	[krém]
graan (het)	крупа (ж)	[krupá]
meel (het), bloem (de)	мука (ж)	[muká]
conserven (mv.)	консервы (мн)	[konsérvi]
maïsvlokken (mv.)	кукурузные хлопья (мн)	[kukurúznie hlópja]
honing (de)	мёд (м)	[mǿd]
jam (de)	джем, конфитюр (м)	[dʒǽm], [konfitʲúr]
kauwgom (de)	жевательная резинка (м)	[ʒevátelʲnaja rezínka]

36. Drankjes

water (het)	вода (ж)	[vodá]
drinkwater (het)	питьевая вода (ж)	[pitjevája vodá]
mineraalwater (het)	минеральная вода (ж)	[minerálʲnaja vodá]
zonder gas	без газа	[bez gáza]
koolzuurhoudend (bn)	газированная	[gazaróvanaja]
bruisend (bn)	с газом	[s gázom]
ijs (het)	лёд (м)	[lǿd]

met ijs	со льдом	[sɔ lʲdóm]
alcohol vrij (bn)	безалкогольный	[bezalkɔgólʲnij]
alcohol vrije drank (de)	безалкогольный напиток (м)	[bezalkɔgólʲnij napítɔk]
frisdrank (de)	прохладительный напиток (м)	[prɔhladítelʲnij napítɔk]
limonade (de)	лимонад (м)	[limɔnád]

alcoholische dranken (mv.)	алкогольные напитки (мн)	[alkɔgólʲnie napítki]
wijn (de)	вино (c)	[vinó]
witte wijn (de)	белое вино (c)	[bélɔe vinó]
rode wijn (de)	красное вино (c)	[krásnɔe vinó]

likeur (de)	ликёр (м)	[likǿr]
champagne (de)	шампанское (c)	[ʃampánskɔe]
vermout (de)	вермут (м)	[vérmut]

whisky (de)	виски (c)	[víski]
wodka (de)	водка (ж)	[vótka]
gin (de)	джин (м)	[dʒīn]
cognac (de)	коньяк (м)	[kɔnják]
rum (de)	ром (м)	[róm]

koffie (de)	кофе (м)	[kófe]
zwarte koffie (de)	чёрный кофе (м)	[ʧórnij kófe]
koffie (de) met melk	кофе (м) с молоком	[kófe s mɔlɔkóm]
cappuccino (de)	кофе (м) со сливками	[kófe sɔ slífkami]
oploskoffie (de)	растворимый кофе (м)	[rastvɔrímij kófe]

melk (de)	молоко (c)	[mɔlɔkó]
cocktail (de)	коктейль (м)	[kɔktǽjlʲ]
milkshake (de)	молочный коктейль (м)	[mɔlóʧnij kɔktǽjlʲ]

sap (het)	сок (м)	[sók]
tomatensap (het)	томатный сок (м)	[tɔmátnij sók]
sinaasappelsap (het)	апельсиновый сок (м)	[apelʲsínɔvij sók]
vers geperst sap (het)	свежевыжатый сок (м)	[sveʒe·vīʒatij sók]

bier (het)	пиво (c)	[pívɔ]
licht bier (het)	светлое пиво (c)	[svétlɔe pívɔ]
donker bier (het)	тёмное пиво (c)	[tǿmnɔe pívɔ]

thee (de)	чай (м)	[ʧáj]
zwarte thee (de)	чёрный чай (м)	[ʧórnij ʧáj]
groene thee (de)	зелёный чай (м)	[zelǿnij ʧáj]

37. Groenten

groenten (mv.)	овощи (м мн)	[óvɔʃʲi]
verse kruiden (mv.)	зелень (ж)	[zélenʲ]

tomaat (de)	помидор (м)	[pɔmidór]
augurk (de)	огурец (м)	[ɔguréts]
wortel (de)	морковь (ж)	[mɔrkófʲ]

aardappel (de)	картофель (м)	[kartófelʲ]
ui (de)	лук (м)	[lúk]
knoflook (de)	чеснок (м)	[ʧesnók]

kool (de)	капуста (ж)	[kapústa]
bloemkool (de)	цветная капуста (ж)	[ʦvetnája kapústa]
spruitkool (de)	брюссельская капуста (ж)	[brʲusélʲskaja kapústa]
broccoli (de)	капуста брокколи (ж)	[kapústa brókɔli]

rode biet (de)	свёкла (ж)	[svǿkla]
aubergine (de)	баклажан (м)	[baklaʒán]
courgette (de)	кабачок (м)	[kabatʧók]
pompoen (de)	тыква (ж)	[tïkva]
raap (de)	репа (ж)	[répa]

peterselie (de)	петрушка (ж)	[petrúʃka]
dille (de)	укроп (м)	[ukróp]
sla (de)	салат (м)	[salát]
selderij (de)	сельдерей (м)	[selʲderéj]
asperge (de)	спаржа (ж)	[spárʒa]
spinazie (de)	шпинат (м)	[ʃpinát]

erwt (de)	горох (м)	[gɔróh]
bonen (mv.)	бобы (мн)	[bɔbï]
maïs (de)	кукуруза (ж)	[kukurúza]
nierboon (de)	фасоль (ж)	[fasólʲ]

peper (de)	перец (м)	[péreʦ]
radijs (de)	редис (м)	[redís]
artisjok (de)	артишок (м)	[artiʃók]

38. Vruchten. Noten

vrucht (de)	фрукт (м)	[frúkt]
appel (de)	яблоко (с)	[jáblɔkɔ]
peer (de)	груша (ж)	[grúʃa]
citroen (de)	лимон (м)	[limón]
sinaasappel (de)	апельсин (м)	[apelʲsín]
aardbei (de)	клубника (ж)	[klubníka]

mandarijn (de)	мандарин (м)	[mandarín]
pruim (de)	слива (ж)	[slíva]
perzik (de)	персик (м)	[pérsik]
abrikoos (de)	абрикос (м)	[abrikós]
framboos (de)	малина (ж)	[malína]
ananas (de)	ананас (м)	[ananás]

banaan (de)	банан (м)	[banán]
watermeloen (de)	арбуз (м)	[arbús]
druif (de)	виноград (м)	[vinɔgrád]
zure kers (de)	вишня (ж)	[víʃnʲa]
zoete kers (de)	черешня (ж)	[ʧeréʃnʲa]
meloen (de)	дыня (ж)	[dïnʲa]
grapefruit (de)	грейпфрут (м)	[gréjpfrut]

avocado (de)	авокадо (c)	[avɔkádɔ]
papaja (de)	папайя (ж)	[papája]
mango (de)	манго (c)	[mángɔ]
granaatappel (de)	гранат (м)	[granát]

rode bes (de)	красная смородина (ж)	[krásnaja smɔródina]
zwarte bes (de)	чёрная смородина (ж)	[ʧórnaja smɔródina]
kruisbes (de)	крыжовник (м)	[kriʒóvnik]
blauwe bosbes (de)	черника (ж)	[ʧerníka]
braambes (de)	ежевика (ж)	[eʒevíka]

rozijn (de)	изюм (м)	[izʲúm]
vijg (de)	инжир (м)	[inʒĭr]
dadel (de)	финик (м)	[fínik]

pinda (de)	арахис (м)	[aráhis]
amandel (de)	миндаль (м)	[mindálʲ]
walnoot (de)	грецкий орех (м)	[gréʦkij ɔréh]
hazelnoot (de)	лесной орех (м)	[lesnój ɔréh]
kokosnoot (de)	кокосовый орех (м)	[kɔkósɔvij ɔréh]
pistaches (mv.)	фисташки (мн)	[fistáʃki]

39. Brood. Snoep

suikerbakkerij (de)	кондитерские изделия (мн)	[kɔndíterskie izdélija]
brood (het)	хлеб (м)	[hléb]
koekje (het)	печенье (c)	[peʧénje]

chocolade (de)	шоколад (м)	[ʃɔkɔlád]
chocolade- (abn)	шоколадный	[ʃɔkɔládnij]
snoepje (het)	конфета (ж)	[kɔnféta]
cakeje (het)	пирожное (c)	[piróʒnɔe]
taart (bijv. verjaardags~)	торт (м)	[tórt]

pastei (de)	пирог (м)	[piróg]
vulling (de)	начинка (ж)	[naʧínka]

confituur (de)	варенье (c)	[varénje]
marmelade (de)	мармелад (м)	[marmelád]
wafel (de)	вафли (мн)	[váfli]
ijsje (het)	мороженое (c)	[mɔróʒenɔe]
pudding (de)	пудинг (м)	[púding]

40. Bereide gerechten

gerecht (het)	блюдо (c)	[blʲúdɔ]
keuken (bijv. Franse ~)	кухня (ж)	[kúhnʲa]
recept (het)	рецепт (м)	[reʦǽpt]
portie (de)	порция (ж)	[pórtsija]

salade (de)	салат (м)	[salát]
soep (de)	суп (м)	[súp]

bouillon (de)	бульон (м)	[buljón]
boterham (de)	бутерброд (м)	[buterbród]
spiegelei (het)	яичница (ж)	[iíʃnitsa]

| hamburger (de) | гамбургер (м) | [gámburger] |
| biefstuk (de) | бифштекс (м) | [bifʃtǽks] |

garnering (de)	гарнир (м)	[garnír]
spaghetti (de)	спагетти (мн)	[spagéti]
aardappelpuree (de)	картофельное пюре (с)	[kartófelʲnɔe pʲuré]
pizza (de)	пицца (ж)	[pítsa]
pap (de)	каша (ж)	[káʃa]
omelet (de)	омлет (м)	[ɔmlét]

gekookt (in water)	варёный	[varǿnij]
gerookt (bn)	копчёный	[kɔptʃónij]
gebakken (bn)	жареный	[ʒárenij]
gedroogd (bn)	сушёный	[suʃónij]
diepvries (bn)	замороженный	[zamɔróʒenij]
gemarineerd (bn)	маринованный	[marinóvanij]

zoet (bn)	сладкий	[slátkij]
gezouten (bn)	солёный	[sɔlǿnij]
koud (bn)	холодный	[hɔlódnij]
heet (bn)	горячий	[gɔrʲátʃij]
bitter (bn)	горький	[górʲkij]
lekker (bn)	вкусный	[fkúsnij]

koken (in kokend water)	варить (нсв, пх)	[varítʲ]
bereiden (avondmaaltijd ~)	готовить (нсв, пх)	[gɔtóvitʲ]
bakken (ww)	жарить (нсв, пх)	[ʒáritʲ]
opwarmen (ww)	разогревать (нсв, пх)	[razɔgrevátʲ]

zouten (ww)	солить (нсв, пх)	[sɔlítʲ]
peperen (ww)	перчить (нсв, пх)	[pértʃitʲ], [pertʃítʲ]
raspen (ww)	тереть (нсв, пх)	[terétʲ]
schil (de)	кожура (ж)	[kɔʒurá]
schillen (ww)	чистить (нсв, пх)	[tʃístitʲ]

41. Kruiden

zout (het)	соль (ж)	[sólʲ]
gezouten (bn)	солёный	[sɔlǿnij]
zouten (ww)	солить (нсв, пх)	[sɔlítʲ]

zwarte peper (de)	чёрный перец (м)	[tʃórnij pérets]
rode peper (de)	красный перец (м)	[krásnij pérets]
mosterd (de)	горчица (ж)	[gɔrtʃítsa]
mierikswortel (de)	хрен (м)	[hrén]

condiment (het)	приправа (ж)	[pripráva]
specerij, kruiderij (de)	пряность (ж)	[prʲánɔstʲ]
saus (de)	соус (м)	[sóus]
azijn (de)	уксус (м)	[úksus]

anijs (de)	анис (м)	[anís]
basilicum (de)	базилик (м)	[bazilík]
kruidnagel (de)	гвоздика (ж)	[gvɔzdíka]
gember (de)	имбирь (м)	[imbírʲ]
koriander (de)	кориандр (м)	[kɔriándr]
kaneel (de/het)	корица (ж)	[kɔrítsa]

sesamzaad (het)	кунжут (м)	[kunʒút]
laurierblad (het)	лавровый лист (м)	[lavróvij líst]
paprika (de)	паприка (ж)	[páprika]
komijn (de)	тмин (м)	[tmín]
saffraan (de)	шафран (м)	[ʃafrán]

42. Maaltijden

| eten (het) | еда (ж) | [edá] |
| eten (ww) | есть (нсв, н/пх) | [éstʲ] |

ontbijt (het)	завтрак (м)	[záftrak]
ontbijten (ww)	завтракать (нсв, нпх)	[záftrakatʲ]
lunch (de)	обед (м)	[ɔbéd]
lunchen (ww)	обедать (нсв, нпх)	[ɔbédatʲ]
avondeten (het)	ужин (м)	[úʒin]
souperen (ww)	ужинать (нсв, нпх)	[úʒinatʲ]

| eetlust (de) | аппетит (м) | [apetít] |
| Eet smakelijk! | Приятного аппетита! | [prijátnɔvɔ apetíta] |

openen (een fles ~)	открывать (нсв, пх)	[ɔtkrivátʲ]
morsen (koffie, enz.)	пролить (св, пх)	[prɔlítʲ]
zijn gemorst	пролиться (св, возв)	[prɔlítsa]

koken (water kookt bij 100°C)	кипеть (нсв, нпх)	[kipétʲ]
koken (Hoe om water te ~)	кипятить (нсв, пх)	[kipɪtítʲ]
gekookt (~ water)	кипячёный	[kipɪtʃónij]
afkoelen (koeler maken)	охладить (св, пх)	[ɔhladítʲ]
afkoelen (koeler worden)	охлаждаться (нсв, возв)	[ɔhlaʒdátsa]

| smaak (de) | вкус (м) | [fkús] |
| nasmaak (de) | привкус (м) | [prífkus] |

volgen een dieet	худеть (нсв, нпх)	[hudétʲ]
dieet (het)	диета (ж)	[diéta]
vitamine (de)	витамин (м)	[vitamín]
calorie (de)	калория (ж)	[kalórija]
vegetariër (de)	вегетарианец (м)	[vegetariánets]
vegetarisch (bn)	вегетарианский	[vegetariánskij]

vetten (mv.)	жиры (мн)	[ʒirí]
eiwitten (mv.)	белки (мн)	[belkí]
koolhydraten (mv.)	углеводы (мн)	[uglevódi]
snede (de)	ломтик (м)	[lómtik]
stuk (bijv. een ~ taart)	кусок (м)	[kusók]
kruimel (de)	крошка (ж)	[króʃka]

43. Tafelschikking

lepel (de)	ложка (ж)	[lóʃka]
mes (het)	нож (м)	[nóʃ]
vork (de)	вилка (ж)	[vílka]

kopje (het)	чашка (ж)	[ʧáʃka]
bord (het)	тарелка (ж)	[tarélka]
schoteltje (het)	блюдце (с)	[blʲúʦe]
servet (het)	салфетка (ж)	[salfétka]
tandenstoker (de)	зубочистка (ж)	[zubotʃístka]

44. Restaurant

restaurant (het)	ресторан (м)	[restərán]
koffiehuis (het)	кофейня (ж)	[kɔféjnʲa]
bar (de)	бар (м)	[bár]
tearoom (de)	чайный салон (м)	[ʧájnij salón]

kelner, ober (de)	официант (м)	[ɔfiʦiánt]
serveerster (de)	официантка (ж)	[ɔfiʦiántka]
barman (de)	бармен (м)	[bármɛn]

menu (het)	меню (с)	[menʲú]
wijnkaart (de)	карта (ж) вин	[kárta vín]
een tafel reserveren	забронировать столик	[zabrɔnírɔvatʲ stólik]

gerecht (het)	блюдо (с)	[blʲúdɔ]
bestellen (eten ~)	заказать (св, пх)	[zakazátʲ]
een bestelling maken	сделать заказ	[zdélatʲ zakás]

aperitief (de/het)	аперитив (м)	[aperitíf]
voorgerecht (het)	закуска (ж)	[zakúska]
dessert (het)	десерт (м)	[desért]

rekening (de)	счёт (м)	[ʃǿt]
de rekening betalen	оплатить счёт	[ɔplatítʲ ʃǿt]
wisselgeld teruggeven	дать сдачу	[dátʲ zdáʧu]
fooi (de)	чаевые (мн)	[ʧaevīe]

Familie, verwanten en vrienden

45. Persoonlijke informatie. Formulieren

naam (de)	имя (c)	[ímʲa]
achternaam (de)	фамилия (ж)	[famílija]
geboortedatum (de)	дата (ж) рождения	[dáta rɔʒdénija]
geboorteplaats (de)	место (c) рождения	[mésto rɔʒdénija]
nationaliteit (de)	национальность (ж)	[natsiɔnálʲnɔstʲ]
woonplaats (de)	место (c) жительства	[mésto ʒĩtelʲstva]
land (het)	страна (ж)	[straná]
beroep (het)	профессия (ж)	[prɔfésija]
geslacht (ov. het vrouwelijk ~)	пол (м)	[pól]
lengte (de)	рост (м)	[róst]
gewicht (het)	вес (м)	[vés]

46. Familieleden. Verwanten

moeder (de)	мать (ж)	[mátʲ]
vader (de)	отец (м)	[ɔtéts]
zoon (de)	сын (м)	[sĩn]
dochter (de)	дочь (ж)	[dótʃʲ]
jongste dochter (de)	младшая дочь (ж)	[mládʃaja dótʃʲ]
jongste zoon (de)	младший сын (м)	[mládʃij sĩn]
oudste dochter (de)	старшая дочь (ж)	[stárʃaja dótʃʲ]
oudste zoon (de)	старший сын (м)	[stárʃij sĩn]
broer (de)	брат (м)	[brát]
zuster (de)	сестра (ж)	[sestrá]
neef (zoon van oom, tante)	двоюродный брат (м)	[dvɔjúrɔdnij brát]
nicht (dochter van oom, tante)	двоюродная сестра (ж)	[dvɔjúrɔdnaja sestrá]
mama (de)	мама (ж)	[máma]
papa (de)	папа (м)	[pápa]
ouders (mv.)	родители (мн)	[rodíteli]
kind (het)	ребёнок (м)	[rebǿnɔk]
kinderen (mv.)	дети (мн)	[déti]
oma (de)	бабушка (ж)	[bábuʃka]
opa (de)	дедушка (м)	[déduʃka]
kleinzoon (de)	внук (м)	[vnúk]
kleindochter (de)	внучка (ж)	[vnútʃka]
kleinkinderen (mv.)	внуки (мн)	[vnúki]

oom (de)	дядя (м)	[dʲádʲa]
tante (de)	тётя (ж)	[tótʲa]
neef (zoon van broer, zus)	племянник (м)	[plemʲánik]
nicht (dochter van broer, zus)	племянница (ж)	[plemʲánitsa]

schoonmoeder (de)	тёща (ж)	[tóʃʲa]
schoonvader (de)	свёкор (м)	[svǿkɔr]
schoonzoon (de)	зять (м)	[zʲátʲ]
stiefmoeder (de)	мачеха (ж)	[mátʲeha]
stiefvader (de)	отчим (м)	[óttʃim]

zuigeling (de)	грудной ребёнок (м)	[grudnój rebǿnɔk]
wiegenkind (het)	младенец (м)	[mladénets]
kleuter (de)	малыш (м)	[malīʃ]

vrouw (de)	жена (ж)	[ʒená]
man (de)	муж (м)	[múʃ]
echtgenoot (de)	супруг (м)	[suprúg]
echtgenote (de)	супруга (ж)	[suprúga]

gehuwd (mann.)	женатый	[ʒenátij]
gehuwd (vrouw.)	замужняя	[zamúʒnʲaja]
ongehuwd (mann.)	холостой	[hɔlɔstój]
vrijgezel (de)	холостяк (м)	[hɔlɔstʲák]
gescheiden (bn)	разведённый	[razvedǿnnij]
weduwe (de)	вдова (ж)	[vdɔvá]
weduwnaar (de)	вдовец (м)	[vdɔvéts]

familielid (het)	родственник (м)	[rótstvenik]
dichte familielid (het)	близкий родственник (м)	[blískij rótstvenik]
verre familielid (het)	дальний родственник (м)	[dálʲnij rótstvenik]
familieleden (mv.)	родные (мн)	[rɔdnīje]

wees (weesjongen)	сирота (м)	[sirɔtá]
wees (weesmeisje)	сирота (ж)	[sirɔtá]
voogd (de)	опекун (м)	[ɔpekún]
adopteren (een jongen te ~)	усыновить (св, пх)	[usɪnɔvítʲ]
adopteren (een meisje te ~)	удочерить (св, пх)	[udɔtʃerítʲ]

Geneeskunde

ziekte (de)	болезнь (ж)	[bɔléznʲ]
ziek zijn (ww)	болеть (нсв, нпх)	[bɔlétʲ]
gezondheid (de)	здоровье (с)	[zdɔróvje]
snotneus (de)	насморк (м)	[násmɔrk]
angina (de)	ангина (ж)	[angína]
verkoudheid (de)	простуда (ж)	[prɔstúda]
verkouden raken (ww)	простудиться (св, возв)	[prɔstudítsa]
bronchitis (de)	бронхит (м)	[brɔnhít]
longontsteking (de)	воспаление (с) лёгких	[vɔspalénie løhkih]
griep (de)	грипп (м)	[gríp]
bijziend (bn)	близорукий	[blizɔrúkij]
verziend (bn)	дальнозоркий	[dalʲnɔzórkij]
scheelheid (de)	косоглазие (с)	[kɔsɔglázie]
scheel (bn)	косоглазый	[kɔsɔglázij]
grauwe staar (de)	катаракта (ж)	[katarákta]
glaucoom (het)	глаукома (ж)	[glaukóma]
beroerte (de)	инсульт (м)	[insúlʲt]
hartinfarct (het)	инфаркт (м)	[infárkt]
myocardiaal infarct (het)	инфаркт (м) миокарда	[infárkt miɔkárda]
verlamming (de)	паралич (м)	[paralítʃ]
verlammen (ww)	парализовать (нсв, пх)	[paralizɔvátʲ]
allergie (de)	аллергия (ж)	[alergíja]
astma (de/het)	астма (ж)	[ástma]
diabetes (de)	диабет (м)	[diabét]
tandpijn (de)	зубная боль (ж)	[zubnája bólʲ]
tandbederf (het)	кариес (м)	[káries]
diarree (de)	диарея (ж)	[diaréja]
constipatie (de)	запор (м)	[zapór]
maagstoornis (de)	расстройство (с) желудка	[rastrójstvɔ ʒelútka]
voedselvergiftiging (de)	отравление (с)	[ɔtravlénie]
voedselvergiftiging oplopen	отравиться (св, возв)	[ɔtravítsa]
artritis (de)	артрит (м)	[artrít]
rachitis (de)	рахит (м)	[rahít]
reuma (het)	ревматизм (м)	[revmatízm]
arteriosclerose (de)	атеросклероз (м)	[atɛrɔsklerós]
gastritis (de)	гастрит (м)	[gastrít]
blindedarmontsteking (de)	аппендицит (м)	[apendiˈtsīt]

| galblaasontsteking (de) | холецистит (м) | [hɔleˈsistít] |
| zweer (de) | язва (ж) | [jázva] |

mazelen (mv.)	корь (ж)	[kórʲ]
rodehond (de)	краснуха (ж)	[krasnúha]
geelzucht (de)	желтуха (ж)	[ʒeltúha]
leverontsteking (de)	гепатит (м)	[gepatít]

schizofrenie (de)	шизофрения (ж)	[ʃizɔfreníja]
dolheid (de)	бешенство (с)	[béʃɛnstvɔ]
neurose (de)	невроз (м)	[nevrós]
hersenschudding (de)	сотрясение (с) мозга	[sɔtrɪsénie mózga]

kanker (de)	рак (м)	[rák]
sclerose (de)	склероз (м)	[sklerós]
multiple sclerose (de)	рассеянный склероз (м)	[rasséɪnnij sklerós]

alcoholisme (het)	алкоголизм (м)	[alkɔgɔlízm]
alcoholicus (de)	алкоголик (м)	[alkɔgólik]
syfilis (de)	сифилис (м)	[sífilis]
AIDS (de)	СПИД (м)	[spíd]

tumor (de)	опухоль (ж)	[ópuhɔlʲ]
kwaadaardig (bn)	злокачественная	[zlɔkátʃestvenaja]
goedaardig (bn)	доброкачественная	[dɔbrɔkátʃestvenaja]

koorts (de)	лихорадка (ж)	[lihɔrátka]
malaria (de)	малярия (ж)	[malîríja]
gangreen (het)	гангрена (ж)	[gangréna]
zeeziekte (de)	морская болезнь (ж)	[mɔrskája bɔléznʲ]
epilepsie (de)	эпилепсия (ж)	[ɛpilépsija]

epidemie (de)	эпидемия (ж)	[ɛpidémija]
tyfus (de)	тиф (м)	[tíf]
tuberculose (de)	туберкулёз (м)	[tuberkulǿs]
cholera (de)	холера (ж)	[hɔléra]
pest (de)	чума (ж)	[tʃʲumá]

48. Symptomen. Behandelingen. Deel 1

symptoom (het)	симптом (м)	[simptóm]
temperatuur (de)	температура (ж)	[temperatúra]
verhoogde temperatuur (de)	высокая температура (ж)	[vɪsókaja temperatúra]
polsslag (de)	пульс (м)	[púlʲs]

duizeling (de)	головокружение (с)	[gólɔvɔ·kruʒǽnie]
heet (erg warm)	горячий	[gɔrʲátʃij]
koude rillingen (mv.)	озноб (м)	[ɔznób]
bleek (bn)	бледный	[blédnij]

hoest (de)	кашель (м)	[káʃɛlʲ]
hoesten (ww)	кашлять (нсв, нпх)	[káʃlʲtʲ]
niezen (ww)	чихать (нсв, нпх)	[tʃʲihátʲ]
flauwte (de)	обморок (м)	[óbmɔrɔk]

flauwvallen (ww)	упасть в обморок	[upást^j v óbmɔrɔk]
blauwe plek (de)	синяк (м)	[sin^ják]
buil (de)	шишка (ж)	[ʃíʃka]
zich stoten (ww)	удариться (св, возв)	[udáritsa]
kneuzing (de)	ушиб (м)	[uʃíb]
kneuzen (gekneusd zijn)	ударить ... (св, пх)	[udárit^j ...]

hinken (ww)	хромать (нсв, нпх)	[hrɔmát^j]
verstuiking (de)	вывих (м)	[vīvih]
verstuiken (enkel, enz.)	вывихнуть (св, пх)	[vīvihnut^j]
breuk (de)	перелом (м)	[perelóm]
een breuk oplopen	получить перелом	[pɔlutʃít^j perelóm]

snijwond (de)	порез (м)	[pɔrés]
zich snijden (ww)	порезаться (св, возв)	[pɔrézatsa]
bloeding (de)	кровотечение (с)	[krɔvɔ·tetʃénie]

brandwond (de)	ожог (м)	[ɔʒóg]
zich branden (ww)	обжечься (св, возв)	[ɔbʒǽtʃs^ja]

prikken (ww)	уколоть (св, пх)	[ukɔlót^j]
zich prikken (ww)	уколоться (св, возв)	[ukɔlótsa]
blesseren (ww)	повредить (св, пх)	[pɔvredít^j]
blessure (letsel)	повреждение (с)	[pɔvreʒdénie]
wond (de)	рана (ж)	[rána]
trauma (het)	травма (ж)	[trávma]

ijlen (ww)	бредить (нсв, нпх)	[brédit^j]
stotteren (ww)	заикаться (нсв, возв)	[zaikátsa]
zonnesteek (de)	солнечный удар (м)	[sólnetʃnⁱj udár]

49. Symptomen. Behandelingen. Deel 2

pijn (de)	боль (ж)	[ból^j]
splinter (de)	заноза (ж)	[zanóza]

zweet (het)	пот (м)	[pót]
zweten (ww)	потеть (нсв, нпх)	[pɔtét^j]
braking (de)	рвота (ж)	[rvóta]
stuiptrekkingen (mv.)	судороги (ж мн)	[súdɔrɔgi]

zwanger (bn)	беременная	[berémennaja]
geboren worden (ww)	родиться (св, возв)	[rɔdítsa]
geboorte (de)	роды (мн)	[ródi]
baren (ww)	рожать (нсв, пх)	[rɔʒát^j]
abortus (de)	аборт (м)	[abórt]

ademhaling (de)	дыхание (с)	[dihánie]
inademing (de)	вдох (м)	[vdóh]
uitademing (de)	выдох (м)	[vīdɔh]
uitademen (ww)	выдохнуть (св, пх)	[vīdɔhnut^j]
inademen (ww)	вдыхать (нсв, нпх)	[vdihát^j]
invalide (de)	инвалид (м)	[invalíd]
gehandicapte (de)	калека (с)	[kaléka]

drugsverslaafde (de)	наркоман (м)	[narkɔmán]
doof (bn)	глухой	[gluhój]
stom (bn)	немой	[nemój]
doofstom (bn)	глухонемой	[gluhɔ·nemój]
krankzinnig (bn)	сумасшедший	[sumaʃǽdʃɛj]
krankzinnige (man)	сумасшедший (м)	[sumaʃǽdʃɛj]
krankzinnige (vrouw)	сумасшедшая (ж)	[sumaʃǽdʃaja]
krankzinnig worden	сойти с ума	[sɔjtí s umá]
gen (het)	ген (м)	[gén]
immuniteit (de)	иммунитет (м)	[imunitét]
erfelijk (bn)	наследственный	[naslétstvenij]
aangeboren (bn)	врождённый	[vrɔʒdǿnij]
virus (het)	вирус (м)	[vírus]
microbe (de)	микроб (м)	[mikrób]
bacterie (de)	бактерия (ж)	[baktǽrija]
infectie (de)	инфекция (ж)	[inféktsija]

50. Symptomen. Behandelingen. Deel 3

ziekenhuis (het)	больница (ж)	[bɔlʲnítsa]
patiënt (de)	пациент (м)	[patsiǽnt]
diagnose (de)	диагноз (м)	[diágnɔs]
genezing (de)	лечение (с)	[letʃénie]
medische behandeling (de)	лечение (с)	[letʃénie]
onder behandeling zijn	лечиться (нсв, возв)	[letʃítsa]
behandelen (ww)	лечить (нсв, пх)	[letʃítʲ]
zorgen (zieken ~)	ухаживать (нсв, нпх)	[uháʒivatʲ]
ziekenzorg (de)	уход (м)	[uhód]
operatie (de)	операция (ж)	[ɔperátsija]
verbinden (een arm ~)	перевязать (св, пх)	[perevɪzátʲ]
verband (het)	перевязка (ж)	[perevʲázka]
vaccin (het)	прививка (ж)	[privífka]
inenten (vaccineren)	делать прививку	[délatʲ privífku]
injectie (de)	укол (м)	[ukól]
een injectie geven	делать укол	[délatʲ ukól]
amputatie (de)	ампутация (ж)	[amputátsija]
amputeren (ww)	ампутировать (н/св, пх)	[amputírɔvatʲ]
coma (het)	кома (ж)	[kóma]
in coma liggen	быть в коме	[bïtʲ f kóme]
intensieve zorg, ICU (de)	реанимация (ж)	[reanimátsija]
zich herstellen (ww)	выздоравливать (нсв, нпх)	[vɪzdɔrávlivatʲ]
toestand (de)	состояние (с)	[sɔstɔjánie]
bewustzijn (het)	сознание (с)	[sɔznánie]
geheugen (het)	память (ж)	[pámɪtʲ]
trekken (een kies ~)	удалять (нсв, пх)	[udalʲátʲ]
vulling (de)	пломба (ж)	[plómba]

vullen (ww)	пломбировать (нсв, пх)	[plɔmbirɔvátʲ]
hypnose (de)	гипноз (м)	[gipnós]
hypnotiseren (ww)	гипнотизировать (нсв, пх)	[gipnɔtizírɔvatʲ]

51. Artsen

dokter, arts (de)	врач (м)	[vrátʃ]
ziekenzuster (de)	медсестра (ж)	[metsestrá]
lijfarts (de)	личный врач (м)	[lítʃnij vrátʃ]

tandarts (de)	стоматолог (м)	[stɔmatólɔg]
oogarts (de)	окулист (м)	[ɔkulíst]
therapeut (de)	терапевт (м)	[terapévt]
chirurg (de)	хирург (м)	[hirúrg]

psychiater (de)	психиатр (м)	[psihiátr]
pediater (de)	педиатр (м)	[pediátr]
psycholoog (de)	психолог (м)	[psihólɔg]
gynaecoloog (de)	гинеколог (м)	[ginekólɔg]
cardioloog (de)	кардиолог (м)	[kardiólɔg]

52. Geneeskunde. Medicijnen. Accessoires

geneesmiddel (het)	лекарство (с)	[lekárstvɔ]
middel (het)	средство (с)	[srétstvɔ]
voorschrijven (ww)	прописать (нсв, пх)	[prɔpisátʲ]
recept (het)	рецепт (м)	[retsǽpt]

tablet (de/het)	таблетка (ж)	[tablétka]
zalf (de)	мазь (ж)	[másʲ]
ampul (de)	ампула (ж)	[ámpula]
drank (de)	микстура (ж)	[mikstúra]
siroop (de)	сироп (м)	[siróp]
pil (de)	пилюля (ж)	[pilʲúlʲa]
poeder (de/het)	порошок (м)	[pɔrɔʃók]

verband (het)	бинт (м)	[bínt]
watten (mv.)	вата (ж)	[váta]
jodium (het)	йод (м)	[jód]
pleister (de)	лейкопластырь (м)	[lejkɔplástirʲ]
pipet (de)	пипетка (ж)	[pipétka]
thermometer (de)	градусник (м)	[grádusnik]
spuit (de)	шприц (м)	[ʃpríts]

| rolstoel (de) | коляска (ж) | [kɔlʲáska] |
| krukken (mv.) | костыли (м мн) | [kɔstilí] |

pijnstiller (de)	обезболивающее (с)	[ɔbezbólivajuʃee]
laxeermiddel (het)	слабительное (с)	[slabítelʲnɔe]
spiritus (de)	спирт (м)	[spírt]
medicinale kruiden (mv.)	трава (ж)	[travá]
kruiden- (abn)	травяной	[travınój]

HET MENSELIJKE LEEFGEBIED

Stad

stad (de)	город (м)	[górɔd]
hoofdstad (de)	столица (ж)	[stɔlítsa]
dorp (het)	деревня (ж)	[derévnʲa]
plattegrond (de)	план (м) города	[plán górɔda]
centrum (ov. een stad)	центр (м) города	[tsæntr górɔda]
voorstad (de)	пригород (м)	[prígɔrɔd]
voorstads- (abn)	пригородный	[prígɔrɔdnij]
randgemeente (de)	окраина (ж)	[ɔkráina]
omgeving (de)	окрестности (ж мн)	[ɔkrésnɔsti]
blok (huizenblok)	квартал (м)	[kvartál]
woonwijk (de)	жилой квартал (м)	[ʒilój kvartál]
verkeer (het)	движение (с)	[dviʒǽnie]
verkeerslicht (het)	светофор (м)	[svetɔfór]
openbaar vervoer (het)	городской транспорт (м)	[gɔrɔtskój tránspɔrt]
kruispunt (het)	перекрёсток (м)	[perekrǿstɔk]
zebrapad (oversteekplaats)	переход (м)	[perehód]
onderdoorgang (de)	подземный переход (м)	[pɔdzémnij perehód]
oversteken (de straat ~)	переходить (нсв, н/пх)	[perehɔdítʲ]
voetganger (de)	пешеход (м)	[peʃɛhód]
trottoir (het)	тротуар (м)	[trɔtuár]
brug (de)	мост (м)	[móst]
dijk (de)	набережная (ж)	[nábereʒnaja]
fontein (de)	фонтан (м)	[fɔntán]
allee (de)	аллея (ж)	[aléja]
park (het)	парк (м)	[párk]
boulevard (de)	бульвар (м)	[bulʲvár]
plein (het)	площадь (ж)	[plóʃatʲ]
laan (de)	проспект (м)	[prɔspékt]
straat (de)	улица (ж)	[úlitsa]
zijstraat (de)	переулок (м)	[pereúlɔk]
doodlopende straat (de)	тупик (м)	[tupík]
huis (het)	дом (м)	[dóm]
gebouw (het)	здание (с)	[zdánie]
wolkenkrabber (de)	небоскрёб (м)	[nebɔskrǿb]
gevel (de)	фасад (м)	[fasád]
dak (het)	крыша (ж)	[krɨ̄ʃa]

venster (het)	окно (c)	[ɔknó]
boog (de)	арка (ж)	[árka]
pilaar (de)	колонна (ж)	[kɔlóna]
hoek (ov. een gebouw)	угол (м)	[úgɔl]

vitrine (de)	витрина (ж)	[vitrína]
gevelreclame (de)	вывеска (ж)	[vīveska]
affiche (de/het)	афиша (ж)	[afíʃa]
reclameposter (de)	рекламный плакат (м)	[reklámnij plakát]
aanplakbord (het)	рекламный щит (м)	[reklámnij ʃít]

vuilnis (de/het)	мусор (м)	[músɔr]
vuilnisbak (de)	урна (ж)	[úrna]
afval weggooien (ww)	сорить (нсв, нпх)	[sɔrítʲ]
stortplaats (de)	свалка (ж)	[sválka]

telefooncel (de)	телефонная будка (ж)	[telefónnaja bútka]
straatlicht (het)	фонарный столб (м)	[fɔnárnij stólb]
bank (de)	скамейка (ж)	[skaméjka]

politieagent (de)	полицейский (м)	[pɔlitsǽjskij]
politie (de)	полиция (ж)	[pɔlítsija]
zwerver (de)	нищий (м)	[níʃij]
dakloze (de)	бездомный (м)	[bezdómnij]

54. Stedelijke instellingen

winkel (de)	магазин (м)	[magazín]
apotheek (de)	аптека (ж)	[aptéka]
optiek (de)	оптика (ж)	[óptika]
winkelcentrum (het)	торговый центр (м)	[tɔrgóvij tsǽntr]
supermarkt (de)	супермаркет (м)	[supermárket]

bakkerij (de)	булочная (ж)	[búlɔtʃnaja]
bakker (de)	пекарь (м)	[pékarʲ]
banketbakkerij (de)	кондитерская (ж)	[kɔndíterskaja]
kruidenier (de)	продуктовый магазин (м)	[prɔduktóvij magazín]
slagerij (de)	мясная лавка (ж)	[mɪsnája láfka]

| groentewinkel (de) | овощная лавка (ж) | [ɔvɔʃnája láfka] |
| markt (de) | рынок (м) | [rīnɔk] |

koffiehuis (het)	кафе (c)	[kafǽ]
restaurant (het)	ресторан (м)	[restɔrán]
bar (de)	пивная (ж)	[pivnája]
pizzeria (de)	пиццерия (ж)	[pitsǽrija], [pitsɛríja]

kapperssalon (de/het)	парикмахерская (ж)	[parihmáherskaja]
postkantoor (het)	почта (ж)	[pótʃta]
stomerij (de)	химчистка (ж)	[himtʃístka]
fotostudio (de)	фотоателье (c)	[foto·atɛljé]

| schoenwinkel (de) | обувной магазин (м) | [ɔbuvnój magazín] |
| boekhandel (de) | книжный магазин (м) | [kníʒnij magazín] |

sportwinkel (de)	спортивный магазин (м)	[sportívnij magazín]
kledingreparatie (de)	ремонт (м) одежды	[remónt odéʒdi]
kledingverhuur (de)	прокат (м) одежды	[prɔkát odéʒdi]
videotheek (de)	прокат (м) фильмов	[prɔkát fíljmɔf]

circus (de/het)	цирк (м)	[tsīrk]
dierentuin (de)	зоопарк (м)	[zɔɔpárk]
bioscoop (de)	кинотеатр (м)	[kinɔteátr]
museum (het)	музей (м)	[muzéj]
bibliotheek (de)	библиотека (ж)	[bibliɔtéka]

theater (het)	театр (м)	[teátr]
opera (de)	опера (ж)	[ópera]
nachtclub (de)	ночной клуб (м)	[nɔtʃnój klúb]
casino (het)	казино (с)	[kazinó]

moskee (de)	мечеть (ж)	[metʃétj]
synagoge (de)	синагога (ж)	[sinagóga]
kathedraal (de)	собор (м)	[sɔbór]
tempel (de)	храм (м)	[hrám]
kerk (de)	церковь (ж)	[tsǽrkɔfj]

instituut (het)	институт (м)	[institút]
universiteit (de)	университет (м)	[universitét]
school (de)	школа (ж)	[ʃkóla]

gemeentehuis (het)	префектура (ж)	[prefektúra]
stadhuis (het)	мэрия (ж)	[mǽrija]
hotel (het)	гостиница (ж)	[gɔstínitsa]
bank (de)	банк (м)	[bánk]

ambassade (de)	посольство (с)	[pɔsóljstvɔ]
reisbureau (het)	турагентство (с)	[tur·agénstvɔ]
informatieloket (het)	справочное бюро (с)	[správɔtʃnɔe bjuró]
wisselkantoor (het)	обменный пункт (м)	[ɔbménnij púnkt]

| metro (de) | метро (с) | [metró] |
| ziekenhuis (het) | больница (ж) | [bɔljnítsa] |

| benzinestation (het) | автозаправка (ж) | [aftɔ·zapráfka] |
| parking (de) | стоянка (ж) | [stɔjánka] |

55. Borden

gevelreclame (de)	вывеска (ж)	[vīveska]
opschrift (het)	надпись (ж)	[nátpisj]
poster (de)	плакат, постер (м)	[plakát], [póstɛr]
wegwijzer (de)	указатель (м)	[ukazátelj]
pijl (de)	стрелка (ж)	[strélka]

waarschuwing (verwittiging)	предостережение (с)	[predɔstereʒǽnie]
waarschuwingsbord (het)	предупреждение (с)	[predupreʒdénie]
waarschuwen (ww)	предупредить (св, пх)	[predupredítj]
vrije dag (de)	выходной день (м)	[vihɔdnój dénj]

| dienstregeling (de) | расписание (c) | [raspisánie] |
| openingsuren (mv.) | часы (мн) работы | [ʧasî rabóti] |

WELKOM!	ДОБРО ПОЖАЛОВАТЬ!	[dɔbró pɔӡálɔvatʲ]
INGANG	ВХОД	[fhód]
UITGANG	ВЫХОД	[vîhɔd]

DUWEN	ОТ СЕБЯ	[ɔt sebʲá]
TREKKEN	НА СЕБЯ	[na sebʲá]
OPEN	ОТКРЫТО	[ɔtkrîtɔ]
GESLOTEN	ЗАКРЫТО	[zakrîtɔ]

| DAMES | ДЛЯ ЖЕНЩИН | [dlʲa ӡǽnʃin] |
| HEREN | ДЛЯ МУЖЧИН | [dlʲa muʃín] |

KORTING	СКИДКИ	[skítki]
UITVERKOOP	РАСПРОДАЖА	[rasprɔdáӡa]
NIEUW!	НОВИНКА!	[nɔvínka]
GRATIS	БЕСПЛАТНО	[besplátnɔ]

PAS OP!	ВНИМАНИЕ!	[vnimánie]
VOLGEBOEKT	МЕСТ НЕТ	[mést nét]
GERESERVEERD	ЗАРЕЗЕРВИРОВАНО	[zarezervírɔvanɔ]

ADMINISTRATIE	АДМИНИСТРАЦИЯ	[administrátsija]
ALLEEN VOOR	ТОЛЬКО	[tólʲkɔ
PERSONEEL	ДЛЯ ПЕРСОНАЛА	dlʲa persɔnála]

GEVAARLIJKE HOND	ЗЛАЯ СОБАКА	[zlája sɔbáka]
VERBODEN TE ROKEN!	НЕ КУРИТЬ!	[ne kurítʲ]
NIET AANRAKEN!	РУКАМИ НЕ ТРОГАТЬ!	[rukámi ne trógatʲ]

GEVAARLIJK	ОПАСНО	[ɔpásnɔ]
GEVAAR	ОПАСНОСТЬ	[ɔpásnɔstʲ]
HOOGSPANNING	ВЫСОКОЕ НАПРЯЖЕНИЕ	[visókɔe naprɪӡǽnie]
VERBODEN TE ZWEMMEN	КУПАТЬСЯ ЗАПРЕЩЕНО	[kupátsa zapreʃenó]
BUITEN GEBRUIK	НЕ РАБОТАЕТ	[ne rabótaet]

ONTVLAMBAAR	ОГНЕОПАСНО	[ɔgneopásnɔ]
VERBODEN	ЗАПРЕЩЕНО	[zapreʃenó]
DOORGANG VERBODEN	ПРОХОД ЗАПРЕЩЁН	[prɔhót zapreʃǿn]
OPGELET PAS GEVERFD	ОКРАШЕНО	[ɔkráʃɛnɔ]

56. Stedelijk vervoer

bus, autobus (de)	автобус (м)	[aftóbus]
tram (de)	трамвай (м)	[tramváj]
trolleybus (de)	троллейбус (м)	[trɔléjbus]
route (de)	маршрут (м)	[marʃrút]
nummer (busnummer, enz.)	номер (м)	[nómer]

rijden met ...	ехать на ... (нсв)	[éhatʲ na ...]
stappen (in de bus ~)	сесть на ... (св)	[séstʲ na ...]
afstappen (ww)	сойти с ... (св)	[sɔjtí s ...]

halte (de)	остановка (ж)	[ɔstanófka]
volgende halte (de)	следующая остановка (ж)	[sléduʃaja ɔstanófka]
eindpunt (het)	конечная остановка (ж)	[kɔnétʃnaja ɔstanófka]
dienstregeling (de)	расписание (с)	[raspisánie]
wachten (ww)	ждать (нсв, пх)	[ʒdátʲ]

kaartje (het)	билет (м)	[bilét]
reiskosten (de)	стоимость (ж) билета	[stóimɔstʲ biléta]

kassier (de)	кассир (м)	[kassír]
kaartcontrole (de)	контроль (м)	[kɔntrólʲ]
controleur (de)	контролёр (м)	[kɔntrɔlǿr]

te laat zijn (ww)	опаздывать на ... (нсв, нпх)	[ɔpázdivatʲ na ...]
missen (de bus ~)	опоздать на ... (св, нпх)	[ɔpɔzdátʲ na ...]
zich haasten (ww)	спешить (нсв, нпх)	[speʃítʲ]

taxi (de)	такси (с)	[taksí]
taxichauffeur (de)	таксист (м)	[taksíst]
met de taxi (bw)	на такси	[na taksí]
taxistandplaats (de)	стоянка (ж) такси	[stɔjánka taksí]
een taxi bestellen	вызвать такси	[vízvatʲ taksí]
een taxi nemen	взять такси	[vzʲátʲ taksí]

verkeer (het)	уличное движение (с)	[úlitʃnɔe dviʒǽnie]
file (de)	пробка (ж)	[própka]
spitsuur (het)	часы пик (м)	[tʃasí pík]
parkeren (on.ww.)	парковаться (нсв, возв)	[parkɔvátsa]
parkeren (ov.ww.)	парковать (нсв, пх)	[parkɔvátʲ]
parking (de)	стоянка (ж)	[stɔjánka]

metro (de)	метро (с)	[metró]
halte (bijv. kleine treinhalte)	станция (ж)	[stántsija]
de metro nemen	ехать на метро	[éhatʲ na metró]
trein (de)	поезд (м)	[póezd]
station (treinstation)	вокзал (м)	[vɔkzál]

57. Bezienswaardigheden

monument (het)	памятник (м)	[pámɪtnik]
vesting (de)	крепость (ж)	[krépɔstʲ]
paleis (het)	дворец (м)	[dvɔréts]
kasteel (het)	замок (м)	[zámɔk]
toren (de)	башня (ж)	[báʃnʲa]
mausoleum (het)	мавзолей (м)	[mavzɔléj]

architectuur (de)	архитектура (ж)	[arhitektúra]
middeleeuws (bn)	средневековый	[srednevekóvij]
oud (bn)	старинный	[starínnij]
nationaal (bn)	национальный	[natsiɔnálʲnij]
bekend (bn)	известный	[izvésnij]

toerist (de)	турист (м)	[turíst]
gids (de)	гид (м)	[gíd]

rondleiding (de)	экскурсия (ж)	[ɛkskúrsija]
tonen (ww)	показывать (нсв, пх)	[pɔkázivatʲ]
vertellen (ww)	рассказывать (нсв, пх)	[raskázivatʲ]

vinden (ww)	найти (св, пх)	[najtí]
verdwalen (de weg kwijt zijn)	потеряться (св, возв)	[pɔterʲátsa]
plattegrond (~ van de metro)	схема (ж)	[sxéma]
plattegrond (~ van de stad)	план (м)	[plán]

souvenir (het)	сувенир (м)	[suvenír]
souvenirwinkel (de)	магазин (м) сувениров	[magazín suvenírɔf]
foto's maken	фотографировать (нсв, пх)	[fɔtɔgrafírɔvatʲ]
zich laten fotograferen	фотографироваться (нсв, возв)	[fɔtɔgrafírɔvatsa]

58. Winkelen

kopen (ww)	покупать (нсв, пх)	[pɔkupátʲ]
aankoop (de)	покупка (ж)	[pɔkúpka]
winkelen (ww)	делать покупки	[délatʲ pɔkúpki]
winkelen (het)	шоппинг (м)	[ʃóping]

| open zijn (ov. een winkel, enz.) | работать (нсв, нпх) | [rabótatʲ] |
| gesloten zijn (ww) | закрыться (св, возв) | [zakrítsa] |

schoeisel (het)	обувь (ж)	[óbufʲ]
kleren (mv.)	одежда (ж)	[ɔdéʒda]
cosmetica (mv.)	косметика (ж)	[kɔsmétika]
voedingswaren (mv.)	продукты (мн)	[prɔdúkti]
geschenk (het)	подарок (м)	[pɔdárɔk]

| verkoper (de) | продавец (м) | [prɔdavéts] |
| verkoopster (de) | продавщица (ж) | [prɔdafʃʲítsa] |

kassa (de)	касса (ж)	[kássa]
spiegel (de)	зеркало (с)	[zérkalɔ]
toonbank (de)	прилавок (м)	[prilávɔk]
paskamer (de)	примерочная (ж)	[primérɔtʃnaja]

aanpassen (ww)	примерить (св, пх)	[priméritʲ]
passen (ov. kleren)	подходить (нсв, нпх)	[pɔtxodítʲ]
bevallen (prettig vinden)	нравиться (нсв, возв)	[nrávitsa]

prijs (de)	цена (ж)	[tsɛná]
prijskaartje (het)	ценник (м)	[tsɛnnik]
kosten (ww)	стоить (нсв, пх)	[stóitʲ]
Hoeveel?	Сколько?	[skólʲkɔ?]
korting (de)	скидка (ж)	[skítka]

niet duur (bn)	недорогой	[nedɔrɔgój]
goedkoop (bn)	дешёвый	[deʃóvij]
duur (bn)	дорогой	[dɔrɔgój]
Dat is duur.	Это дорого.	[ǽtɔ dórɔgɔ]

verhuur (de)	прокат (м)	[prɔkát]
huren (smoking, enz.)	взять напрокат	[vzʲátʲ naprɔkát]
krediet (het)	кредит (м)	[kredít]
op krediet (bw)	в кредит	[f kredít]

59. Geld

geld (het)	деньги (мн)	[dénʲgi]
ruil (de)	обмен (м)	[ɔbmén]
koers (de)	курс (м)	[kúrs]
geldautomaat (de)	банкомат (м)	[bankɔmát]
muntstuk (de)	монета (ж)	[mɔnéta]

| dollar (de) | доллар (м) | [dólar] |
| euro (de) | евро (с) | [évrɔ] |

lire (de)	лира (ж)	[líra]
Duitse mark (de)	марка (ж)	[márka]
frank (de)	франк (м)	[fránk]
pond sterling (het)	фунт стерлингов (м)	[fúnt stérlingɔf]
yen (de)	йена (ж)	[jéna]

schuld (geldbedrag)	долг (м)	[dólg]
schuldenaar (de)	должник (м)	[dɔlʒník]
uitlenen (ww)	дать в долг	[dátʲ v dólg]
lenen (geld ~)	взять в долг	[vzʲátʲ v dólg]

bank (de)	банк (м)	[bánk]
bankrekening (de)	счёт (м)	[ʃǿt]
storten (ww)	положить (св, пх)	[pɔlɔʒítʲ]
op rekening storten	положить на счёт	[pɔlɔʒítʲ na ʃǿt]
opnemen (ww)	снять со счёта	[snʲátʲ sɔ ʃǿta]

kredietkaart (de)	кредитная карта (ж)	[kredítnaja kárta]
baar geld (het)	наличные деньги (мн)	[nalítʃnie dénʲgi]
cheque (de)	чек (м)	[tʃék]
een cheque uitschrijven	выписать чек	[vīpisatʲ tʃék]
chequeboekje (het)	чековая книжка (ж)	[tʃékɔvaja kníʃka]

portefeuille (de)	бумажник (м)	[bumáʒnik]
geldbeugel (de)	кошелёк (м)	[kɔʃɛlǿk]
safe (de)	сейф (м)	[séjf]

erfgenaam (de)	наследник (м)	[naslédnik]
erfenis (de)	наследство (с)	[naslétstvɔ]
fortuin (het)	состояние (с)	[sɔstɔjánie]

huur (de)	аренда (ж)	[arénda]
huurprijs (de)	квартирная плата (ж)	[kvartírnaja pláta]
huren (huis, kamer)	снимать (нсв, пх)	[snimátʲ]

prijs (de)	цена (ж)	[tsɛná]
kostprijs (de)	стоимость (ж)	[stóimostʲ]
som (de)	сумма (ж)	[súmma]

uitgeven (geld besteden)	тратить (нсв, пх)	[trátiti]
kosten (mv.)	расходы (мн)	[rasxódi]
bezuinigen (ww)	экономить (нсв, н/пх)	[ɛkɔnómiti]
zuinig (bn)	экономный	[ɛkɔnómnij]

betalen (ww)	платить (нсв, н/пх)	[platíti]
betaling (de)	оплата (ж)	[ɔpláta]
wisselgeld (het)	сдача (ж)	[zdátʃa]

belasting (de)	налог (м)	[nalóg]
boete (de)	штраф (м)	[ʃtráf]
beboeten (bekeuren)	штрафовать (нсв, пх)	[ʃtrafɔváti]

60. Post. Postkantoor

postkantoor (het)	почта (ж)	[pótʃta]
post (de)	почта (ж)	[pótʃta]
postbode (de)	почтальон (м)	[pɔtʃtaljón]
openingsuren (mv.)	часы (мн) работы	[tʃasī rabóti]

brief (de)	письмо (с)	[pisimó]
aangetekende brief (de)	заказное письмо (с)	[zakaznóe pisimó]
briefkaart (de)	открытка (ж)	[ɔtkrītka]
telegram (het)	телеграмма (ж)	[telegráma]
postpakket (het)	посылка (ж)	[pɔsīlka]
overschrijving (de)	денежный перевод (м)	[déneʒnij perevód]

ontvangen (ww)	получить (св, пх)	[pɔlutʃíti]
sturen (zenden)	отправить (св, пх)	[ɔtpráviti]
verzending (de)	отправка (ж)	[ɔtpráfka]

adres (het)	адрес (м)	[ádres]
postcode (de)	индекс (м)	[índɛks]
verzender (de)	отправитель (м)	[ɔtpravíteli]
ontvanger (de)	получатель (м)	[pɔlutʃáteli]

naam (de)	имя (с)	[ímia]
achternaam (de)	фамилия (ж)	[famílija]

tarief (het)	тариф (м)	[taríf]
standaard (bn)	обычный	[ɔbītʃnij]
zuinig (bn)	экономичный	[ɛkɔnɔmítʃnij]

gewicht (het)	вес (м)	[vés]
afwegen (op de weegschaal)	взвешивать (нсв, пх)	[vzvéʃivati]
envelop (de)	конверт (м)	[kɔnvért]
postzegel (de)	марка (ж)	[márka]
een postzegel plakken op	наклеивать марку	[nakléivati márku]

Woning. Huis. Thuis

61. Huis. Elektriciteit

elektriciteit (de)	электричество (с)	[ɛlektrítʃestvɔ]
lamp (de)	лампочка (ж)	[lámpotʃka]
schakelaar (de)	выключатель (м)	[viklʲutʃátelʲ]
zekering (de)	пробка (ж)	[própka]
draad (de)	провод (м)	[próvɔd]
bedrading (de)	проводка (ж)	[prɔvótka]
elektriciteitsmeter (de)	счётчик (м)	[ʃʃóttʃik]
gegevens (mv.)	показание (с)	[pɔkazánie]

62. Villa. Herenhuis

landhuisje (het)	загородный дом (м)	[zágɔrɔdnij dɔm]
villa (de)	вилла (ж)	[vílla]
vleugel (de)	крыло (с)	[krilʲó]
tuin (de)	сад (м)	[sád]
park (het)	парк (м)	[párk]
oranjerie (de)	оранжерея (ж)	[ɔranʒeréja]
onderhouden (tuin, enz.)	ухаживать (нсв, нпх)	[uháʒivatʲ]
zwembad (het)	бассейн (м)	[basǽjn]
gym (het)	тренажёрный зал (м)	[trenaʒórnij zál]
tennisveld (het)	теннисный корт (м)	[tǽnisnij kórt]
bioscoopkamer (de)	кинотеатр (м)	[kinoteátr]
garage (de)	гараж (м)	[garáʃ]
privé-eigendom (het)	частная собственность (ж)	[tʃásnaja sópstvenɔstʲ]
eigen terrein (het)	частные владения (с мн)	[tʃásnie vladénija]
waarschuwing (de)	предупреждение (с)	[predupreʒdénie]
waarschuwingsbord (het)	предупреждающая надпись (ж)	[predupreʒdájuʃaja nátpisʲ]
bewaking (de)	охрана (ж)	[ɔhrána]
bewaker (de)	охранник (м)	[ɔhránnik]
inbraakalarm (het)	сигнализация (ж)	[signalizátsija]

63. Appartement

appartement (het)	квартира (ж)	[kvartíra]
kamer (de)	комната (ж)	[kómnata]

slaapkamer (de)	спальня (ж)	[spálʲnʲa]
eetkamer (de)	столовая (ж)	[stʌlóvaja]
salon (de)	гостиная (ж)	[gʌstínaja]
studeerkamer (de)	кабинет (м)	[kabinét]

gang (de)	прихожая (ж)	[prihóʒaja]
badkamer (de)	ванная комната (ж)	[vánnaja kómnata]
toilet (het)	туалет (м)	[tualét]

plafond (het)	потолок (м)	[pʌtʌlók]
vloer (de)	пол (м)	[pól]
hoek (de)	угол (м)	[úgʌl]

64. Meubels. Interieur

meubels (mv.)	мебель (ж)	[mébelʲ]
tafel (de)	стол (м)	[stól]
stoel (de)	стул (м)	[stúl]
bed (het)	кровать (ж)	[krʌvátʲ]
bankstel (het)	диван (м)	[diván]
fauteuil (de)	кресло (с)	[kréslʌ]

| boekenkast (de) | книжный шкаф (м) | [kníʒnij ʃkáf] |
| boekenrek (het) | полка (ж) | [pólka] |

kledingkast (de)	гардероб (м)	[garderób]
kapstok (de)	вешалка (ж)	[véʃəlka]
staande kapstok (de)	вешалка (ж)	[véʃəlka]

| commode (de) | комод (м) | [kʌmód] |
| salontafeltje (het) | журнальный столик (м) | [ʒurnálʲnij stólik] |

spiegel (de)	зеркало (с)	[zérkalʌ]
tapijt (het)	ковёр (м)	[kʌvør]
tapijtje (het)	коврик (м)	[kóvrik]

haard (de)	камин (м)	[kamín]
kaars (de)	свеча (ж)	[svetʃá]
kandelaar (de)	подсвечник (м)	[pʌtsvétʃnik]

gordijnen (mv.)	шторы (ж мн)	[ʃtóri]
behang (het)	обои (мн)	[ʌbói]
jaloezie (de)	жалюзи (мн)	[ʒalʲuzí]

| bureaulamp (de) | настольная лампа (ж) | [nastólʲnaja lámpa] |
| wandlamp (de) | светильник (м) | [svetílʲnik] |

| staande lamp (de) | торшер (м) | [tʌrʃǽr] |
| luchter (de) | люстра (ж) | [lʲústra] |

poot (ov. een tafel, enz.)	ножка (ж)	[nóʃka]
armleuning (de)	подлокотник (м)	[pʌdlʌkótnik]
rugleuning (de)	спинка (ж)	[spínka]
la (de)	ящик (м)	[jáʃʲik]

65. Beddengoed

beddengoed (het)	постельное бельё (c)	[pɔstélʲnɔe beljǿ]
kussen (het)	подушка (ж)	[pɔdúʃka]
kussenovertrek (de)	наволочка (ж)	[návɔlɔʧka]
deken (de)	одеяло (c)	[ɔdejálɔ]
laken (het)	простыня (ж)	[prɔstinʲá]
sprei (de)	покрывало (c)	[pɔkriválɔ]

66. Keuken

keuken (de)	кухня (ж)	[kúhnʲa]
gas (het)	газ (м)	[gás]
gasfornuis (het)	газовая плита (ж)	[gázɔvaja plitá]
elektrisch fornuis (het)	электроплита (ж)	[ɛléktrɔ·plitá]
oven (de)	духовка (ж)	[duhófka]
magnetronoven (de)	микроволновая печь (ж)	[mikrɔ·vɔlnóvaja péʧʲ]

koelkast (de)	холодильник (м)	[hɔlɔdílʲnik]
diepvriezer (de)	морозильник (м)	[mɔrɔzílʲnik]
vaatwasmachine (de)	посудомоечная машина (ж)	[pɔsúdɔ·móeʧnaja maʃina]

vleesmolen (de)	мясорубка (ж)	[mɪsɔrúpka]
vruchtenpers (de)	соковыжималка (ж)	[sɔkɔ·viʒimálka]
toaster (de)	тостер (м)	[tóstɛr]
mixer (de)	миксер (м)	[míkser]

koffiemachine (de)	кофеварка (ж)	[kɔfevárka]
koffiepot (de)	кофейник (м)	[kɔféjnik]
koffiemolen (de)	кофемолка (ж)	[kɔfemólka]

fluitketel (de)	чайник (м)	[ʧájnik]
theepot (de)	чайник (м)	[ʧájnik]
deksel (de/het)	крышка (ж)	[krɨʃka]
theezeefje (het)	ситечко (c)	[síteʧkɔ]

lepel (de)	ложка (ж)	[lóʃka]
theelepeltje (het)	чайная ложка (ж)	[ʧájnaja lóʃka]
eetlepel (de)	столовая ложка (ж)	[stɔlóvaja lóʃka]
vork (de)	вилка (ж)	[vílka]
mes (het)	нож (м)	[nóʃ]

vaatwerk (het)	посуда (ж)	[pɔsúda]
bord (het)	тарелка (ж)	[tarélka]
schoteltje (het)	блюдце (c)	[blʲútse]

likeurglas (het)	рюмка (ж)	[rʲúmka]
glas (het)	стакан (м)	[stakán]
kopje (het)	чашка (ж)	[ʧáʃka]

suikerpot (de)	сахарница (ж)	[sáharnitsa]
zoutvat (het)	солонка (ж)	[sɔlónka]
pepervat (het)	перечница (ж)	[péreʧnitsa]

boterschaaltje (het)	маслёнка (ж)	[maslǿnka]
pan (de)	кастрюля (ж)	[kastrʲúlʲa]
bakpan (de)	сковородка (ж)	[skɔvɔrótka]
pollepel (de)	половник (м)	[pɔlóvnik]
vergiet (de/het)	дуршлаг (м)	[durʃlág]
dienblad (het)	поднос (м)	[pɔdnós]

fles (de)	бутылка (ж)	[butîlka]
glazen pot (de)	банка (ж)	[bánka]
blik (conserven~)	банка (ж)	[bánka]

flesopener (de)	открывалка (ж)	[ɔtkriválka]
blikopener (de)	открывалка (ж)	[ɔtkriválka]
kurkentrekker (de)	штопор (м)	[ʃtópɔr]
filter (de/het)	фильтр (м)	[filʲtr]
filteren (ww)	фильтровать (нсв, пх)	[filʲtrɔvátʲ]

| huisvuil (het) | мусор (м) | [músɔr] |
| vuilnisemmer (de) | мусорное ведро (с) | [músɔrnɔe vedró] |

67. Badkamer

badkamer (de)	ванная комната (ж)	[vánnaja kómnata]
water (het)	вода (ж)	[vɔdá]
kraan (de)	кран (м)	[krán]
warm water (het)	горячая вода (ж)	[gɔrʲátʃaja vɔdá]
koud water (het)	холодная вода (ж)	[hɔlódnaja vɔdá]

tandpasta (de)	зубная паста (ж)	[zubnája pásta]
tanden poetsen (ww)	чистить зубы	[tʃístitʲ zúbi]
tandenborstel (de)	зубная щётка (ж)	[zubnája ʃǿtka]

zich scheren (ww)	бриться (нсв, возв)	[brítsa]
scheercrème (de)	пена (ж) для бритья	[péna dlʲa britjá]
scheermes (het)	бритва (ж)	[brítva]

wassen (ww)	мыть (нсв, пх)	[mîtʲ]
een bad nemen	мыться (нсв, возв)	[mîtsa]
douche (de)	душ (м)	[dúʃ]
een douche nemen	принимать душ	[prinimátʲ dúʃ]

bad (het)	ванна (ж)	[vánna]
toiletpot (de)	унитаз (м)	[unitás]
wastafel (de)	раковина (ж)	[rákɔvina]

| zeep (de) | мыло (с) | [mîlɔ] |
| zeepbakje (het) | мыльница (ж) | [mîlʲnitsa] |

spons (de)	губка (ж)	[gúpka]
shampoo (de)	шампунь (м)	[ʃampúnʲ]
handdoek (de)	полотенце (с)	[pɔloténtse]
badjas (de)	халат (м)	[halát]
was (bijv. handwas)	стирка (ж)	[stírka]
wasmachine (de)	стиральная машина (ж)	[stirálʲnaja maʃína]

| de was doen | стирать бельё | [stiráť belǰǿ] |
| waspoeder (de) | стиральный порошок (м) | [stiráľnij pɔrɔʃók] |

68. Huishoudelijke apparaten

televisie (de)	телевизор (м)	[televízɔr]
cassettespeler (de)	магнитофон (м)	[magnitɔfón]
videorecorder (de)	видеомагнитофон (м)	[vídeɔ·magnitɔfón]
radio (de)	приёмник (м)	[prijómnik]
speler (de)	плеер (м)	[plǽjer]

videoprojector (de)	видеопроектор (м)	[vídeɔ·prɔǽktɔr]
home theater systeem (het)	домашний кинотеатр (м)	[dɔmáʃnij kinɔteátr]
DVD-speler (de)	DVD проигрыватель (м)	[di·vi·dí prɔígrivateľ]
versterker (de)	усилитель (м)	[usilíteľ]
spelconsole (de)	игровая приставка (ж)	[igrɔvája pristáfka]

videocamera (de)	видеокамера (ж)	[vídeɔ·kámera]
fotocamera (de)	фотоаппарат (м)	[fotɔ·aparát]
digitale camera (de)	цифровой фотоаппарат (м)	[tsifrɔvój fotɔaparát]

stofzuiger (de)	пылесос (м)	[piĺesós]
strijkijzer (het)	утюг (м)	[utʲúg]
strijkplank (de)	гладильная доска (ж)	[gladíĺnaja dɔská]

telefoon (de)	телефон (м)	[telefón]
mobieltje (het)	мобильный телефон (м)	[mɔbíĺnij telefón]
naaimachine (de)	швейная машинка (ж)	[ʃvejnaja maʃínka]

microfoon (de)	микрофон (м)	[mikrɔfón]
koptelefoon (de)	наушники (м мн)	[naúʃniki]
afstandsbediening (de)	пульт (м)	[púĺt]

CD (de)	компакт-диск (м)	[kɔmpákt-dísk]
cassette (de)	кассета (ж)	[kaséta]
vinylplaat (de)	пластинка (ж)	[plastínka]

MENSELIJKE ACTIVITEITEN

Baan. Business. Deel 1

69. Kantoor. Op kantoor werken

kantoor (het)	офис (м)	[ófis]
kamer (de)	кабинет (м)	[kabinét]
receptie (de)	ресепшн (м)	[resépʃn]
secretaris (de)	секретарь (м, ж)	[sekretárʲ]
secretaresse (de)	секретарша (ж)	[sekretárʃa]
directeur (de)	директор (м)	[diréktɔr]
manager (de)	менеджер (м)	[ménɛdʒɛr]
boekhouder (de)	бухгалтер (м)	[buhgálter]
werknemer (de)	сотрудник (м)	[sɔtrúdnik]
meubilair (het)	мебель (ж)	[mébelʲ]
tafel (de)	стол (м)	[stól]
bureaustoel (de)	кресло (с)	[kréslɔ]
ladeblok (het)	тумбочка (ж)	[túmbɔtʃka]
kapstok (de)	вешалка (ж)	[véʃəlka]
computer (de)	компьютер (м)	[kɔmpjútɛr]
printer (de)	принтер (м)	[príntɛr]
fax (de)	факс (м)	[fáks]
kopieerapparaat (het)	копировальный аппарат (м)	[kɔpirɔválʲnɨj aparát]
papier (het)	бумага (ж)	[bumága]
kantoorartikelen (mv.)	канцтовары (ж мн)	[kants·tɔvári]
muismat (de)	коврик (м) для мыши	[kóvrik dlʲa mɨʃi]
blad (het)	лист (м)	[líst]
ordner (de)	папка (ж)	[pápka]
catalogus (de)	каталог (м)	[katalóg]
telefoongids (de)	справочник (м)	[správɔtʃnik]
documentatie (de)	документация (ж)	[dɔkumentátsija]
brochure (de)	брошюра (ж)	[brɔʃúra]
flyer (de)	листовка (ж)	[listófka]
monster (het), staal (de)	образец (м)	[ɔbrazéts]
training (de)	тренинг (м)	[tréning]
vergadering (de)	совещание (с)	[sɔveʃʲánie]
lunchpauze (de)	перерыв (м) на обед	[pererɨ́f na ɔbéd]
een kopie maken	делать копию	[délatʲ kópiju]
de kopieën maken	размножить (св, пх)	[razmnóʒitʲ]
een fax ontvangen	получать факс	[pɔluʧátʲ fáks]

een fax versturen	отправлять факс	[ɔtpravl⁲át⁲ fáks]
opbellen (ww)	позвонить (св, н/пх)	[pɔzvɔnít⁲]
antwoorden (ww)	ответить (св, пх)	[ɔtvétit⁲]
doorverbinden (ww)	соединить (св, пх)	[sɔedinít⁲]

afspreken (ww)	назначать (нсв, пх)	[naznatʃát⁲]
demonstreren (ww)	демонстрировать (нсв, пх)	[demɔnstrírɔvat⁲]
absent zijn (ww)	отсутствовать (нсв, нпх)	[ɔtsútstvɔvat⁲]
afwezigheid (de)	пропуск (м)	[própusk]

70. Bedrijfsprocessen. Deel 1

| bedrijf (business) | бизнес (м) | [bíznɛs] |
| zaak (de), beroep (het) | дело (с) | [délɔ] |

firma (de)	фирма (ж)	[fírma]
bedrijf (maatschap)	компания (ж)	[kɔmpánija]
corporatie (de)	корпорация (ж)	[kɔrpɔrátsija]
onderneming (de)	предприятие (с)	[pretprijátie]
agentschap (het)	агентство (с)	[agénstvɔ]

overeenkomst (de)	договор (м)	[dɔgɔvór]
contract (het)	контракт (м)	[kɔntrákt]
transactie (de)	сделка (ж)	[zdélka]
bestelling (de)	заказ (м)	[zakás]
voorwaarde (de)	условие (с)	[uslóvie]

in het groot (bw)	оптом	[óptɔm]
groothandels- (abn)	оптовый	[ɔptóvij]
groothandel (de)	продажа (ж) оптом	[prɔdáʒa óptɔm]
kleinhandels- (abn)	розничный	[róznitʃnij]
kleinhandel (de)	продажа (ж) в розницу	[prɔdáʒa v róznitsu]

concurrent (de)	конкурент (м)	[kɔnkurént]
concurrentie (de)	конкуренция (ж)	[kɔnkuréntsija]
concurreren (ww)	конкурировать (нсв, нпх)	[kɔnkurírɔvat⁲]

| partner (de) | партнёр (м) | [partnǿr] |
| partnerschap (het) | партнёрство (с) | [partnǿrstvɔ] |

crisis (de)	кризис (м)	[krízis]
bankroet (het)	банкротство (с)	[bankrótstvɔ]
bankroet gaan (ww)	обанкротиться (нсв, возв)	[ɔbankrótitsa]
moeilijkheid (de)	трудность (ж)	[trúdnɔst⁲]
probleem (het)	проблема (ж)	[prɔbléma]
catastrofe (de)	катастрофа (ж)	[katastrófa]

economie (de)	экономика (ж)	[ɛkɔnómika]
economisch (bn)	экономический	[ɛkɔnómitʃeskij]
economische recessie (de)	экономический спад (м)	[ɛkɔnómitʃeskij spád]

doel (het)	цель (ж)	[tsǽl⁲]
taak (de)	задача (ж)	[zadátʃa]
handelen (handel drijven)	торговать (нсв, нпх)	[tɔrgɔvát⁲]

netwerk (het)	сеть (ж)	[sétʲ]
voorraad (de)	склад (м)	[sklád]
assortiment (het)	ассортимент (м)	[asortimént]

leider (de)	лидер (м)	[líder]
groot (bn)	крупный	[krúpnij]
monopolie (het)	монополия (ж)	[monopólija]

theorie (de)	теория (ж)	[teórija]
praktijk (de)	практика (ж)	[práktika]
ervaring (de)	опыт (м)	[ópit]
tendentie (de)	тенденция (ж)	[tɛndǽntsija]
ontwikkeling (de)	развитие (с)	[razvítie]

71. Bedrijfsprocessen. Deel 2

| voordeel (het) | выгода (ж) | [vīgoda] |
| voordelig (bn) | выгодный | [vīgodnij] |

delegatie (de)	делегация (ж)	[delegátsija]
salaris (het)	заработная плата (ж)	[zárabotnaja pláta]
corrigeren (fouten ~)	исправлять (нсв, пх)	[ispravlʲátʲ]
zakenreis (de)	командировка (ж)	[komandirófka]
commissie (de)	комиссия (ж)	[komísija]

controleren (ww)	контролировать (нсв, пх)	[kontrolírovatʲ]
conferentie (de)	конференция (ж)	[konferéntsija]
licentie (de)	лицензия (ж)	[litsǽnzija]
betrouwbaar (partner, enz.)	надёжный	[nadǿʒnij]

aanzet (de)	начинание (с)	[natʃinánie]
norm (bijv. ~ stellen)	норма (ж)	[nórma]
omstandigheid (de)	обстоятельство (с)	[opstojátelʲstvo]
taak, plicht (de)	обязанность (ж)	[obʲázanostʲ]

organisatie (bedrijf, zaak)	организация (ж)	[organizátsija]
organisatie (proces)	организация (ж)	[organizátsija]
georganiseerd (bn)	организованный	[organizóvanij]
afzegging (de)	отмена (ж)	[otména]
afzeggen (ww)	отменить (св, пх)	[otmenítʲ]
verslag (het)	отчёт (м)	[ottʃót]

patent (het)	патент (м)	[patént]
patenteren (ww)	патентовать (н/св, пх)	[patentovátʲ]
plannen (ww)	планировать (нсв, пх)	[planírovatʲ]

premie (de)	премия (ж)	[prémija]
professioneel (bn)	профессиональный	[profesionálʲnij]
procedure (de)	процедура (ж)	[protsɛdúra]

onderzoeken (contract, enz.)	рассмотреть (св, пх)	[rasmotrétʲ]
berekening (de)	расчёт (м)	[raʃót]
reputatie (de)	репутация (ж)	[reputátsija]
risico (het)	риск (м)	[rísk]

beheren (managen)	руководить (нсв, пх)	[rukɔvɔdítʲ]
informatie (de)	сведения (мн)	[svédenja]
eigendom (bezit)	собственность (ж)	[sópstvenɔstʲ]
unie (de)	союз (м)	[sɔjús]

levensverzekering (de)	страхование (с) жизни	[strahɔvánie ʒīzni]
verzekeren (ww)	страховать (нсв, пх)	[strahɔvátʲ]
verzekering (de)	страховка (ж)	[strahófka]

veiling (de)	торги (мн)	[tɔrgí]
verwittigen (ww)	уведомить (св, пх)	[uvédɔmitʲ]
beheer (het)	управление (с)	[upravlénie]
dienst (de)	услуга (ж)	[uslúga]

forum (het)	форум (м)	[fórum]
functioneren (ww)	функционировать (нсв, нпх)	[funktsiɔnírɔvatʲ]
stap, etappe (de)	этап (м)	[ɛtáp]
juridisch (bn)	юридический	[juridítʃeskij]
jurist (de)	юрист (м)	[juríst]

72. Productie. Werken

industriële installatie (fabriek)	завод (м)	[zavód]
fabriek (de)	фабрика (ж)	[fábrika]
werkplaatsruimte (de)	цех (м)	[tsæh]
productielocatie (de)	производство (с)	[prɔizvótstvɔ]

industrie (de)	промышленность (ж)	[prɔmīʃlenɔstʲ]
industrieel (bn)	промышленный	[prɔmīʃlenij]
zware industrie (de)	тяжёлая промышленность (ж)	[tʲʒólaja prɔmīʃlenɔstʲ]
lichte industrie (de)	лёгкая промышленность (ж)	[lǿhkaja prɔmīʃlenɔstʲ]

productie (de)	продукция (ж)	[prɔdúktsija]
produceren (ww)	производить (нсв, пх)	[prɔizvɔdítʲ]
grondstof (de)	сырьё (с)	[sirjǿ]

voorman, ploegbaas (de)	бригадир (м)	[brigadír]
ploeg (de)	бригада (ж)	[brigáda]
arbeider (de)	рабочий (м)	[rabótʃij]

werkdag (de)	рабочий день (м)	[rabótʃij dénʲ]
pauze (de)	остановка (ж)	[ɔstanófka]
samenkomst (de)	собрание (с)	[sɔbránie]
bespreken (spreken over)	обсуждать (нсв, пх)	[ɔpsuʒdátʲ]

plan (het)	план (м)	[plán]
het plan uitvoeren	выполнять план	[vɨpɔlnʲátʲ plán]
productienorm (de)	норма (ж) выработки	[nórma vīrabɔtki]
kwaliteit (de)	качество (с)	[kátʃestvɔ]
controle (de)	контроль (м)	[kɔntrólʲ]
kwaliteitscontrole (de)	контроль (м) качества	[kɔntrólʲ kátʃestva]
arbeidsveiligheid (de)	безопасность (ж) труда	[bezɔpásnɔstʲ trudá]

discipline (de)	дисциплина (ж)	[distsiplína]
overtreding (de)	нарушение (с)	[naruʃǽnie]
overtreden (ww)	нарушать (нсв, пх)	[naruʃátʲ]

staking (de)	забастовка (ж)	[zabastófka]
staker (de)	забастовщик (м)	[zabastófʃik]
staken (ww)	бастовать (нсв, нпх)	[bastɔvátʲ]
vakbond (de)	профсоюз (м)	[prɔfsɔjús]

uitvinden (machine, enz.)	изобретать (нсв, пх)	[izɔbretátʲ]
uitvinding (de)	изобретение (с)	[izɔbreténie]
onderzoek (het)	исследование (с)	[islédɔvanie]
verbeteren (beter maken)	улучшать (нсв, пх)	[ulutʃʃátʲ]
technologie (de)	технология (ж)	[tehnɔlógija]
technische tekening (de)	чертёж (м)	[tʃertǿʃ]

vracht (de)	груз (м)	[grús]
lader (de)	грузчик (м)	[grúʃik]
laden (vrachtwagen)	грузить (нсв, пх)	[gruzítʲ]
laden (het)	погрузка (ж)	[pɔgrúzka]
lossen (ww)	разгружать (нсв, пх)	[razgruʒátʲ]
lossen (het)	разгрузка (ж)	[razgrúska]

transport (het)	транспорт (м)	[tránspɔrt]
transportbedrijf (de)	транспортная компания (ж)	[tránspɔrtnaja kɔmpánija]
transporteren (ww)	перевозить (нсв, пх)	[perevɔzítʲ]

goederenwagon (de)	вагон (м)	[vagón]
tank (bijv. ketelwagen)	цистерна (ж)	[tsistǽrna]
vrachtwagen (de)	грузовик (м)	[gruzɔvík]

machine (de)	станок (м)	[stanók]
mechanisme (het)	механизм (м)	[mehanízm]

industrieel afval (het)	отходы (мн)	[ɔtxódi]
verpakking (de)	упаковка (ж)	[upakófka]
verpakken (ww)	упаковать (св, пх)	[upakɔvátʲ]

73. Contract. Overeenstemming

contract (het)	контракт (м)	[kɔntrákt]
overeenkomst (de)	соглашение (с)	[sɔglaʃǽnie]
bijlage (de)	приложение (с)	[prilɔʒǽnie]

een contract sluiten	заключить контракт	[zaklʲutʃítʲ kɔntrákt]
handtekening (de)	подпись (ж)	[pótpisʲ]
ondertekenen (ww)	подписать (св, пх)	[pɔtpisátʲ]
stempel (de)	печать (ж)	[petʃátʲ]

voorwerp (het) van de overeenkomst	предмет (м) договора	[predmét dɔgɔvóra]
clausule (de)	пункт (м)	[púnkt]
partijen (mv.)	стороны (ж мн)	[stórɔni]
vestigingsadres (het)	юридический адрес (м)	[juridítʃeskij ádres]

het contract verbreken (overtreden)	**нарушить контракт**	[narúʃitʲ kɔntrákt]
verplichting (de)	**обязательство** (с)	[ɔbɪzátelʲstvɔ]
verantwoordelijkheid (de)	**ответственность** (ж)	[ɔtvétstvenɔstʲ]
overmacht (de)	**форс-мажор** (м)	[fórs-maʒór]
geschil (het)	**спор** (м)	[spór]
sancties (mv.)	**штрафные санкции** (ж мн)	[ʃtrafnɨe sánktsɨi]

74. Import & Export

import (de)	**импорт** (м)	[ímpɔrt]
importeur (de)	**импортёр** (м)	[impɔrtør]
importeren (ww)	**импортировать** (нсв, пх)	[impɔrtírɔvatʲ]
import- (abn)	**импортный**	[ímpɔrtnɨj]
uitvoer (export)	**экспорт** (м)	[ǽkspɔrt]
exporteur (de)	**экспортёр** (м)	[ɛkspɔrtør]
exporteren (ww)	**экспортировать** (н/св, пх)	[ɛkspɔrtírɔvatʲ]
uitvoer- (bijv., ~goederen)	**экспортный**	[ǽkspɔrtnɨj]
goederen (mv.)	**товар** (м)	[tɔvár]
partij (de)	**партия** (ж)	[pártija]
gewicht (het)	**вес** (м)	[vés]
volume (het)	**объём** (м)	[ɔbjóm]
kubieke meter (de)	**кубический метр** (м)	[kubítʃeskij métr]
producent (de)	**производитель** (м)	[prɔizvɔdítelʲ]
transportbedrijf (de)	**транспортная компания** (ж)	[tránspɔrtnaja kɔmpánija]
container (de)	**контейнер** (м)	[kɔntǽjner]
grens (de)	**граница** (ж)	[granítsa]
douane (de)	**таможня** (ж)	[tamóʒnʲa]
douanerecht (het)	**таможенная пошлина** (ж)	[tamóʒenaja póʃlina]
douanier (de)	**таможенник** (м)	[tamóʒenik]
smokkelen (het)	**контрабанда** (ж)	[kɔntrabánda]
smokkelwaar (de)	**контрабанда** (ж)	[kɔntrabánda]

75. Financiën

aandeel (het)	**акция** (ж)	[áktsɨja]
obligatie (de)	**облигация** (ж)	[ɔbligátsɨja]
wissel (de)	**вексель** (м)	[vékselʲ]
beurs (de)	**биржа** (ж)	[bírʒa]
aandelenkoers (de)	**курс** (м) **акций**	[kúrs áktsɨj]
dalen (ww)	**подешеветь** (св, нпх)	[pɔdeʃɛvétʲ]
stijgen (ww)	**подорожать** (св, нпх)	[pɔdɔraʒátʲ]
deel (het)	**доля** (ж), **пай**	[dólʲa], [páj]
meerderheidsbelang (het)	**контрольный пакет** (м)	[kɔntrólʲnɨj pakét]

investeringen (mv.)	инвестиции (ж мн)	[investítsii]
investeren (ww)	инвестировать (н/св, н/пх)	[investírovatʲ]
procent (het)	процент (м)	[protsǽnt]
rente (de)	проценты (м мн)	[protsǽnti]

winst (de)	прибыль (ж)	[príbilʲ]
winstgevend (bn)	прибыльный	[príbilʲnij]
belasting (de)	налог (м)	[nalóg]

valuta (vreemde ~)	валюта (ж)	[valʲúta]
nationaal (bn)	национальный	[natsionálʲnij]
ruil (de)	обмен (м)	[obmén]

| boekhouder (de) | бухгалтер (м) | [buhgálter] |
| boekhouding (de) | бухгалтерия (ж) | [buhgaltérija] |

bankroet (het)	банкротство (с)	[bankrótstvo]
ondergang (de)	крах (м)	[kráh]
faillissement (het)	разорение (с)	[razorénie]
geruïneerd zijn (ww)	разориться (св, возв)	[razorítsa]
inflatie (de)	инфляция (ж)	[inflʲátsija]
devaluatie (de)	девальвация (ж)	[devalʲvátsija]

kapitaal (het)	капитал (м)	[kapitál]
inkomen (het)	доход (м)	[dohód]
omzet (de)	оборот (м)	[oborót]
middelen (mv.)	ресурсы (м мн)	[resúrsi]
financiële middelen (mv.)	денежные средства (с мн)	[déneʒnie srétstva]

| operationele kosten (mv.) | накладные расходы (мн) | [nakladnīe rasxódi] |
| reduceren (kosten ~) | сократить (св, пх) | [sokratítʲ] |

76. Marketing

marketing (de)	маркетинг (м)	[markéting]
markt (de)	рынок (м)	[rīnok]
marktsegment (het)	сегмент (м) рынка	[segmént rīnka]
product (het)	продукт (м)	[prodúkt]
goederen (mv.)	товар (м)	[továr]

handelsmerk (het)	торговая марка (ж)	[torgóvaja márka]
beeldmerk (het)	фирменный знак (м)	[fírmenij znák]
logo (het)	логотип (м)	[logotíp]

vraag (de)	спрос (м)	[sprós]
aanbod (het)	предложение (с)	[predloʒǽnie]
behoefte (de)	потребность (ж)	[potrébnostʲ]
consument (de)	потребитель (м)	[potrebítelʲ]

analyse (de)	анализ (м)	[anális]
analyseren (ww)	анализировать (нсв, пх)	[analizírovatʲ]
positionering (de)	позиционирование (с)	[pozitsionírovanie]
positioneren (ww)	позиционировать (нсв, пх)	[pozitsionírovatʲ]
prijs (de)	цена (ж)	[tsɛná]

| prijspolitiek (de) | ценовая политика (ж) | [tsɛnɔvája pɔlítika] |
| prijsvorming (de) | ценообразование (с) | [tsɛnɔ·ɔbrazɔvánie] |

77. Reclame

reclame (de)	реклама (ж)	[rekláma]
adverteren (ww)	рекламировать (нсв, пх)	[reklamírɔvatʲ]
budget (het)	бюджет (м)	[bʲudʒǽt]

advertentie, reclame (de)	реклама (ж)	[rekláma]
TV-reclame (de)	телереклама (ж)	[tele·rékláma]
radioreclame (de)	реклама (ж) на радио	[rekláma na rádiɔ]
buitenreclame (de)	наружная реклама (ж)	[narúʒnaja rekláma]

massamedia (de)	масс медиа (мн)	[mas·média]
periodiek (de)	периодическое издание (с)	[periɔdítʃeskɔe izdánie]
imago (het)	имидж (м)	[ímidʒ]

| slagzin (de) | лозунг (м) | [lózung] |
| motto (het) | девиз (м) | [devís] |

campagne (de)	кампания (ж)	[kampánija]
reclamecampagne (de)	рекламная кампания (ж)	[reklámnaja kampánija]
doelpubliek (het)	целевая аудитория (ж)	[tsɛlevája auditórija]

visitekaartje (het)	визитная карточка (ж)	[vizítnaja kártɔtʃka]
flyer (de)	листовка (ж)	[listófka]
brochure (de)	брошюра (ж)	[brɔʃúra]
folder (de)	буклет (м)	[buklét]
nieuwsbrief (de)	бюллетень (м)	[bʲuleténʲ]

gevelreclame (de)	вывеска (ж)	[vīveska]
poster (de)	плакат, постер (м)	[plakát], [póstɛr]
aanplakbord (het)	рекламный щит (м)	[reklámnij ʃít]

78. Bankieren

| bank (de) | банк (м) | [bánk] |
| bankfiliaal (het) | отделение (с) | [ɔtdelénie] |

| bankbediende (de) | консультант (м) | [kɔnsulʲtánt] |
| manager (de) | управляющий (м) | [upravlʲájuʃij] |

bankrekening (de)	счёт (м)	[ʃót]
rekeningnummer (het)	номер (м) счёта	[nómer ʃóta]
lopende rekening (de)	текущий счёт (м)	[tekúʃʲij ʃót]
spaarrekening (de)	накопительный счёт (м)	[nakɔpítelʲnij ʃót]

een rekening openen	открыть счёт	[ɔtkrītʲ ʃót]
de rekening sluiten	закрыть счёт	[zakrītʲ ʃót]
op rekening storten	положить на счёт	[pɔlɔʒītʲ na ʃót]
opnemen (ww)	снять со счёта	[snʲátʲ sɔ ʃóta]

storting (de)	вклад (м)	[fklád]
een storting maken	сделать вклад	[zdélatʲ fklád]
overschrijving (de)	перевод (м)	[perevód]
een overschrijving maken	сделать перевод	[zdélatʲ perevód]

som (de)	сумма (ж)	[súmma]
Hoeveel?	Сколько?	[skólʲkɔ?]

handtekening (de)	подпись (ж)	[pótpisʲ]
ondertekenen (ww)	подписать (св, пх)	[pɔtpisátʲ]

kredietkaart (de)	кредитная карта (ж)	[kredítnaja kárta]
code (de)	код (м)	[kód]
kredietkaartnummer (het)	номер (м)	[nómer
	кредитной карты	kredítnɔj kárti]
geldautomaat (de)	банкомат (м)	[bankɔmát]

cheque (de)	чек (м)	[tʃék]
een cheque uitschrijven	выписать чек	[vĩpisatʲ tʃék]
chequeboekje (het)	чековая книжка (ж)	[tʃékɔvaja kníʃka]

lening, krediet (de)	кредит (м)	[kredít]
een lening aanvragen	обращаться за кредитом	[ɔbraʃátʂa za kredítɔm]
een lening nemen	брать кредит	[brátʲ kredít]
een lening verlenen	предоставлять кредит	[predɔstavlʲátʲ kredít]
garantie (de)	гарантия (ж)	[garántija]

79. Telefoon. Telefoongesprek

telefoon (de)	телефон (м)	[telefón]
mobieltje (het)	мобильный телефон (м)	[mɔbílʲnij telefón]
antwoordapparaat (het)	автоответчик (м)	[áftɔˑɔtvéttʃik]

bellen (ww)	звонить (нсв, н/пх)	[zvɔnítʲ]
belletje (telefoontje)	звонок (м)	[zvɔnók]

een nummer draaien	набрать номер	[nabrátʲ nómer]
Hallo!	Алло!	[aló]
vragen (ww)	спросить (св, пх)	[sprɔsítʲ]
antwoorden (ww)	ответить (св, пх)	[ɔtvétitʲ]

horen (ww)	слышать (нсв, пх)	[slĩʃatʲ]
goed (bw)	хорошо	[hɔrɔʃó]
slecht (bw)	плохо	[plóhɔ]
storingen (mv.)	помехи (ж мн)	[pɔméhi]

hoorn (de)	трубка (ж)	[trúpka]
opnemen (ww)	снять трубку	[snʲátʲ trúpku]
ophangen (ww)	положить трубку	[pɔlɔʒĩtʲ trúpku]

bezet (bn)	занятый	[zánɪtij]
overgaan (ww)	звонить (нсв, нпх)	[zvɔnítʲ]
telefoonboek (het)	телефонная книга (ж)	[telefónnaja kníga]
lokaal (bn)	местный	[mésnʲij]

lokaal gesprek (het)	местный звонок (м)	[mésnij zvɔnók]
interlokaal (bn)	междугородний	[meʒdugɔródnij]
interlokaal gesprek (het)	междугородний звонок (м)	[meʒdugɔródnij zvɔnók]
buitenlands (bn)	международный	[meʒdunaródnij]

80. Mobiele telefoon

mobieltje (het)	мобильный телефон (м)	[mɔbíĺnij telefón]
scherm (het)	дисплей (м)	[displǽj]
toets, knop (de)	кнопка (ж)	[knópka]
simkaart (de)	SIM-карта (ж)	[sim-kárta]

batterij (de)	батарея (ж)	[bataréja]
leeg zijn (ww)	разрядиться (св, возв)	[razrɪdítsa]
acculader (de)	зарядное устройство (с)	[zarʲádnɔe ustrójstvɔ]

menu (het)	меню (с)	[menʲú]
instellingen (mv.)	настройки (ж мн)	[nastrójki]
melodie (beltoon)	мелодия (ж)	[melódija]
selecteren (ww)	выбрать (св, пх)	[vībratʲ]

rekenmachine (de)	калькулятор (м)	[kalʲkulʲátɔr]
voicemail (de)	голосовая почта (ж)	[gɔlɔsɔvája pótʃta]
wekker (de)	будильник (м)	[budíĺnik]
contacten (mv.)	телефонная книга (ж)	[telefónnaja kníga]

| SMS-bericht (het) | SMS-сообщение (с) | [ɛs·ɛm·ǽs-sɔɔpʃénie] |
| abonnee (de) | абонент (м) | [abɔnént] |

81. Schrijfbehoeften

| balpen (de) | шариковая ручка (ж) | [ʃárikɔvaja rútʃka] |
| vulpen (de) | перьевая ручка (ж) | [perjevája rútʃka] |

potlood (het)	карандаш (м)	[karandáʃ]
marker (de)	маркер (м)	[márker]
viltstift (de)	фломастер (м)	[flɔmáster]

| notitieboekje (het) | блокнот (м) | [blɔknót] |
| agenda (boekje) | ежедневник (м) | [eʒednévnik] |

liniaal (de/het)	линейка (ж)	[linéjka]
rekenmachine (de)	калькулятор (м)	[kalʲkulʲátɔr]
gom (de)	ластик (м)	[lástik]

| punaise (de) | кнопка (ж) | [knópka] |
| paperclip (de) | скрепка (ж) | [skrépka] |

lijm (de)	клей (м)	[kléj]
nietmachine (de)	степлер (м)	[stǽpler]
perforator (de)	дырокол (м)	[dirɔkól]
potloodslijper (de)	точилка (ж)	[tɔtʃílka]

82. Soorten bedrijven

boekhouddiensten (mv.)	бухгалтерские услуги (ж мн)	[buhgálterskie uslúgi]
reclame (de)	реклама (ж)	[rekláma]
reclamebureau (het)	рекламное агентство (c)	[reklámnɔe agénstvɔ]
airconditioning (de)	кондиционеры (м мн)	[kɔnditsiɔnéri]
luchtvaartmaatschappij (de)	авиакомпания (ж)	[avia·kɔmpánija]

alcoholische dranken (mv.)	спиртные напитки (м мн)	[spirtnīe napítki]
antiek (het)	антиквариат (м)	[antikvariát]
kunstgalerie (de)	арт-галерея (ж)	[art-galeréja]
audit diensten (mv.)	аудиторские услуги (ж мн)	[audítɔrskie uslúgi]

banken (mv.)	банковский бизнес (м)	[bánkɔfskij bíznɛs]
bar (de)	бар (м)	[bár]
schoonheidssalon (de/het)	салон (м) красоты	[salón krasɔtī]
boekhandel (de)	книжный магазин (м)	[kníʒnij magazín]
bierbrouwerij (de)	пивоварня (ж)	[pivɔvárnⁱa]
zakencentrum (het)	бизнес-центр (м)	[bíznɛs-tsǽntr]
business school (de)	бизнес-школа (ж)	[bíznɛs-ʃkóla]

casino (het)	казино (c)	[kazinó]
bouwbedrijven (mv.)	строительство (c)	[strɔítelⁱstvɔ]
adviesbureau (het)	консалтинг (м)	[kɔnsálting]

tandheelkunde (de)	стоматология (ж)	[stɔmatɔlógija]
design (het)	дизайн (м)	[dizájn]
apotheek (de)	аптека (ж)	[aptéka]
stomerij (de)	химчистка (ж)	[himtʃístka]
uitzendbureau (het)	кадровое агентство (c)	[kádrɔvɔe agénstvɔ]

financiële diensten (mv.)	финансовые услуги (ж мн)	[finánsɔvie uslúgi]
voedingswaren (mv.)	продукты (м мн) питания	[prɔdúkti pitánija]
uitvaartcentrum (het)	похоронное бюро (c)	[pɔhɔrónnɔe bⁱuró]
meubilair (het)	мебель (ж)	[mébelⁱ]
kleding (de)	одежда (ж)	[ɔdéʒda]
hotel (het)	гостиница (ж)	[gɔstínitsa]

ijsje (het)	мороженое (c)	[mɔróʒenɔe]
industrie (de)	промышленность (ж)	[prɔmīʃlenɔstⁱ]
verzekering (de)	страхование (c)	[strahɔvánie]
Internet (het)	интернет (м)	[intɛrnǽt]
investeringen (mv.)	инвестиции (ж мн)	[investítsii]

juwelier (de)	ювелир (м)	[juvelír]
juwelen (mv.)	ювелирные изделия (c мн)	[juvelírnie izdélija]
wasserette (de)	прачечная (ж)	[prátʃetʃnaja]
juridische diensten (mv.)	юридические услуги (ж мн)	[juridítʃeskie uslúgi]
lichte industrie (de)	лёгкая промышленность (ж)	[lǿhkaja prɔmīʃlenɔstⁱ]

tijdschrift (het)	журнал (м)	[ʒurnál]
postorderbedrijven (mv.)	торговля (ж) по каталогу	[tɔrgóvlⁱa pɔ katalógu]
medicijnen (mv.)	медицина (ж)	[meditsīna]
bioscoop (de)	кинотеатр (м)	[kinɔteátr]

museum (het)	музей (м)	[muzéj]
persbureau (het)	информационное агентство (c)	[informatsiónnɔe agénstvɔ]
krant (de)	газета (ж)	[gazéta]
nachtclub (de)	ночной клуб (м)	[nɔʧnój klúb]
olie (aardolie)	нефть (ж)	[néftʲ]
koerierdienst (de)	курьерская служба (ж)	[kurjérskaja slúʒba]
farmacie (de)	фармацевтика (ж)	[farmatsǽftika]
drukkerij (de)	полиграфия (ж)	[pɔligrafíja]
uitgeverij (de)	издательство (c)	[izdátelʲstvɔ]
radio (de)	радио (c)	[rádiɔ]
vastgoed (het)	недвижимость (ж)	[nedvíʒimɔstʲ]
restaurant (het)	ресторан (м)	[restɔrán]
bewakingsfirma (de)	охранное агентство (c)	[ɔhránnɔe agénstvɔ]
sport (de)	спорт (м)	[spórt]
handelsbeurs (de)	биржа (ж)	[bírʒa]
winkel (de)	магазин (м)	[magazín]
supermarkt (de)	супермаркет (м)	[supermárket]
zwembad (het)	бассейн (м)	[basǽjn]
naaiatelier (het)	ателье (c)	[atɛljé]
televisie (de)	телевидение (c)	[televídenje]
theater (het)	театр (м)	[teátr]
handel (de)	торговля (ж)	[tɔrgóvlʲa]
transport (het)	перевозки (ж мн)	[perevóski]
toerisme (het)	туризм (м)	[turízm]
dierenarts (de)	ветеринар (м)	[veterinár]
magazijn (het)	склад (м)	[sklád]
afvalinzameling (de)	вывоз (м) мусора	[vīvɔs músɔra]

Baan. Business. Deel 2

83. Show. Tentoonstelling

beurs (de)	выставка (ж)	[vīstafka]
vakbeurs, handelsbeurs (de)	торговая выставка (ж)	[tɔrgóvaja vīstafka]
deelneming (de)	участие (с)	[utʃástie]
deelnemen (ww)	участвовать (нсв, нпх)	[utʃástvɔvatʲ]
deelnemer (de)	участник (м)	[utʃásnik]
directeur (de)	директор (м)	[diréktɔr]
organisatiecomité (het)	дирекция (ж)	[diréktsija]
organisator (de)	организатор (м)	[ɔrganizátɔr]
organiseren (ww)	организовывать (нсв, пх)	[ɔrganizóvivatʲ]
deelnemingsaanvraag (de)	заявка (ж) на участие	[zajáfka na utʃástie]
invullen (een formulier ~)	заполнить (св, пх)	[zapólnitʲ]
details (mv.)	детали (ж мн)	[detáli]
informatie (de)	информация (ж)	[infɔrmátsija]
prijs (de)	цена (ж)	[tsɛná]
inclusief (bijv. ~ BTW)	включая	[fklʲutʃája]
inbegrepen (alles ~)	включать (нсв, пх)	[fklʲutʃátʲ]
betalen (ww)	платить (нсв, н/пх)	[platítʲ]
registratietarief (het)	регистрационный взнос (м)	[registratsiónij vznós]
ingang (de)	вход (м)	[fhód]
paviljoen (het), hal (de)	павильон (м)	[paviljón]
registreren (ww)	регистрировать (нсв, пх)	[registrírɔvatʲ]
badge, kaart (de)	бэдж (м)	[bǽdʒ]
beursstand (de)	выставочный стенд (м)	[vīstavɔtʃnij stǽnd]
reserveren (een stand ~)	резервировать (н/св, пх)	[rezervírɔvatʲ]
vitrine (de)	витрина (ж)	[vitrína]
licht (het)	светильник (м)	[svetílʲnik]
design (het)	дизайн (м)	[dizájn]
plaatsen (ww)	располагать (нсв, пх)	[raspɔlagátʲ]
geplaatst zijn (ww)	располагаться (нсв, возв)	[raspɔlagátsa]
distributeur (de)	дистрибьютор (м)	[distribjútɔr]
leverancier (de)	поставщик (м)	[postafʃík]
leveren (ww)	поставлять (нсв, пх)	[postavlʲátʲ]
land (het)	страна (ж)	[straná]
buitenlands (bn)	иностранный	[inɔstránnij]
product (het)	продукт (м)	[prɔdúkt]
associatie (de)	ассоциация (ж)	[asɔtsiátsija]

conferentiezaal (de)	конференц-зал (м)	[konferénts-zál]
congres (het)	конгресс (м)	[kongrés]
wedstrijd (de)	конкурс (м)	[kónkurs]
bezoeker (de)	посетитель (м)	[posetítelʲ]
bezoeken (ww)	посещать (нсв, пх)	[poseʃátʲ]
afnemer (de)	заказчик (м)	[zakáʃik]

84. Wetenschap. Onderzoek. Wetenschappers

wetenschap (de)	наука (ж)	[naúka]
wetenschappelijk (bn)	научный	[naútʃnij]
wetenschapper (de)	учёный (м)	[utʃónij]
theorie (de)	теория (ж)	[teórija]
axioma (het)	аксиома (ж)	[aksióma]
analyse (de)	анализ (м)	[anális]
analyseren (ww)	анализировать (нсв, пх)	[analizírovatʲ]
argument (het)	аргумент (м)	[argumént]
substantie (de)	вещество (с)	[veʃestvó]
hypothese (de)	гипотеза (ж)	[gipóteza]
dilemma (het)	дилемма (ж)	[diléma]
dissertatie (de)	диссертация (ж)	[disertátsija]
dogma (het)	догма (ж)	[dógma]
doctrine (de)	доктрина (ж)	[doktrína]
onderzoek (het)	исследование (с)	[islédovanie]
onderzoeken (ww)	исследовать (н/св, пх)	[islédovatʲ]
toetsing (de)	контроль (м)	[kontrólʲ]
laboratorium (het)	лаборатория (ж)	[laboratórija]
methode (de)	метод (м)	[métod]
molecule (de/het)	молекула (ж)	[molékula]
monitoring (de)	мониторинг (м)	[monitóring]
ontdekking (de)	открытие (с)	[otkrítie]
postulaat (het)	постулат (м)	[postulát]
principe (het)	принцип (м)	[príntsip]
voorspelling (de)	прогноз (м)	[prognós]
een prognose maken	прогнозировать (нсв, пх)	[prognozírovatʲ]
synthese (de)	синтез (м)	[síntɛs]
tendentie (de)	тенденция (ж)	[tɛndǽntsija]
theorema (het)	теорема (ж)	[teoréma]
leerstellingen (mv.)	учение (с)	[utʃénie]
feit (het)	факт (м)	[fákt]
expeditie (de)	экспедиция (ж)	[ɛkspedítsija]
experiment (het)	эксперимент (м)	[ɛksperimént]
academicus (de)	академик (м)	[akadémik]
bachelor (bijv. BA, LLB)	бакалавр (м)	[bakalávr]
doctor (de)	доктор (м)	[dóktor]

universitair docent (de)	доцент (м)	[dɔtsænt]
master, magister (de)	магистр (м)	[magístr]
professor (de)	профессор (м)	[profésɔr]

Beroepen en ambachten

| baan (de) | работа (ж) | [rabóta] |
| personeel (het) | персонал (м) | [persɔnál] |

carrière (de)	карьера (ж)	[karjéra]
vooruitzichten (mv.)	перспектива (ж)	[perspektíva]
meesterschap (het)	мастерство (с)	[masterstvó]

keuze (de)	подбор (м)	[pɔdbór]
uitzendbureau (het)	кадровое агентство (с)	[kádrɔvɔe agénstvɔ]
CV, curriculum vitae (het)	резюме (с)	[rezʲumé]
sollicitatiegesprek (het)	собеседование (с)	[sɔbesédɔvanie]
vacature (de)	вакансия (ж)	[vakánsija]

salaris (het)	зарплата (ж)	[zarpláta]
vaste salaris (het)	оклад (м)	[ɔklád]
loon (het)	оплата (ж)	[ɔpláta]

betrekking (de)	должность (ж)	[dólʒnɔstʲ]
taak, plicht (de)	обязанность (ж)	[ɔbʲázanɔstʲ]
takenpakket (het)	круг (м)	[krúg]
bezig (~ zijn)	занятой	[zanɪtój]

| ontslagen (ww) | уволить (св, пх) | [uvólitʲ] |
| ontslag (het) | увольнение (с) | [uvɔlʲnénie] |

werkloosheid (de)	безработица (ж)	[bezrabótiʦa]
werkloze (de)	безработный (м)	[bezrabótnij]
pensioen (het)	пенсия (ж)	[pénsija]
met pensioen gaan	уйти на пенсию	[ujtí na pénsiju]

directeur (de)	директор (м)	[diréktɔr]
beheerder (de)	управляющий (м)	[upravlʲájuʃʲij]
hoofd (het)	руководитель, шеф (м)	[rukɔvɔdítelʲ], [ʃǽf]

baas (de)	начальник (м)	[natʃálʲnik]
superieuren (mv.)	начальство (с)	[natʃálʲstvɔ]
president (de)	президент (м)	[prezidént]
voorzitter (de)	председатель (м)	[pretsedátelʲ]

adjunct (de)	заместитель (м)	[zamestítelʲ]
assistent (de)	помощник (м)	[pɔmóʃnik]
secretaris (de)	секретарь (м)	[sekretárʲ]

persoonlijke assistent (de)	личный секретарь (м)	[lítʃnij sekretárʲ]
zakenman (de)	бизнесмен (м)	[biznɛsmén]
ondernemer (de)	предприниматель (м)	[pretprinimátelʲ]
oprichter (de)	основатель (м)	[ɔsnɔvátelʲ]
oprichten	основать (св, пх)	[ɔsnɔvátʲ]
(een nieuw bedrijf ~)		

stichter (de)	учредитель (м)	[utʃredítelʲ]
partner (de)	партнёр (м)	[partnǿr]
aandeelhouder (de)	акционер (м)	[aktsiɔnér]

miljonair (de)	миллионер (м)	[miliɔnér]
miljardair (de)	миллиардер (м)	[miliardér]
eigenaar (de)	владелец (м)	[vladélets]
landeigenaar (de)	землевладелец (м)	[zemle·vladélets]

klant (de)	клиент (м)	[kliént]
vaste klant (de)	постоянный клиент (м)	[pɔstɔjánnij kliént]
koper (de)	покупатель (м)	[pɔkupátelʲ]
bezoeker (de)	посетитель (м)	[pɔsetítelʲ]

professioneel (de)	профессионал (м)	[prɔfesiɔnál]
expert (de)	эксперт (м)	[ɛkspért]
specialist (de)	специалист (м)	[spetsialíst]

| bankier (de) | банкир (м) | [bankír] |
| makelaar (de) | брокер (м) | [bróker] |

kassier (de)	кассир (м)	[kassír]
boekhouder (de)	бухгалтер (м)	[buhgálter]
bewaker (de)	охранник (м)	[ɔhránnik]

investeerder (de)	инвестор (м)	[invéstɔr]
schuldenaar (de)	должник (м)	[dɔlʒník]
crediteur (de)	кредитор (м)	[kreditór]
lener (de)	заёмщик (м)	[zajómʃʲik]

| importeur (de) | импортёр (м) | [impɔrtǿr] |
| exporteur (de) | экспортёр (м) | [ɛkspɔrtǿr] |

producent (de)	производитель (м)	[prɔizvɔdítelʲ]
distributeur (de)	дистрибьютор (м)	[distribjútɔr]
bemiddelaar (de)	посредник (м)	[pɔsrédnik]

adviseur, consulent (de)	консультант (м)	[kɔnsulʲtánt]
vertegenwoordiger (de)	представитель (м)	[pretstavítelʲ]
agent (de)	агент (м)	[agént]
verzekeringsagent (de)	страховой агент (м)	[strahɔvój agént]

87. Dienstverlenende beroepen

kok (de)	повар (м)	[póvar]
chef-kok (de)	шеф-повар (м)	[ʃæf-póvar]
bakker (de)	пекарь (м)	[pékarʲ]

barman (de)	бармен (м)	[bármɛn]
kelner, ober (de)	официант (м)	[ɔfitsiánt]
serveerster (de)	официантка (ж)	[ɔfitsiántka]

advocaat (de)	адвокат (м)	[advɔkát]
jurist (de)	юрист (м)	[juríst]
notaris (de)	нотариус (м)	[nɔtárius]

elektricien (de)	электрик (м)	[ɛléktrik]
loodgieter (de)	сантехник (м)	[santéhnik]
timmerman (de)	плотник (м)	[plótnik]

masseur (de)	массажист (м)	[masaʒíst]
masseuse (de)	массажистка (ж)	[masaʒístka]
dokter, arts (de)	врач (м)	[vrátʃ]

taxichauffeur (de)	таксист (м)	[taksíst]
chauffeur (de)	шофёр (м)	[ʃɔfǿr]
koerier (de)	курьер (м)	[kurjér]

kamermeisje (het)	горничная (ж)	[górnitʃnaja]
bewaker (de)	охранник (м)	[ɔhránnik]
stewardess (de)	стюардесса (ж)	[stʲuardǽsa]

meester (de)	учитель (м)	[utʃítelʲ]
bibliothecaris (de)	библиотекарь (м)	[bibliɔtékarʲ]
vertaler (de)	переводчик (м)	[perevóttʃik]
tolk (de)	переводчик (м)	[perevóttʃik]
gids (de)	гид (м)	[gíd]

kapper (de)	парикмахер (м)	[parikmáher]
postbode (de)	почтальон (м)	[pɔtʃtaljón]
verkoper (de)	продавец (м)	[prɔdavéts]

tuinman (de)	садовник (м)	[sadóvnik]
huisbediende (de)	слуга (ж)	[slugá]
dienstmeisje (het)	служанка (ж)	[sluʒánka]
schoonmaakster (de)	уборщица (ж)	[ubórʃitsa]

88. Militaire beroepen en rangen

soldaat (rang)	рядовой (м)	[rɪdɔvój]
sergeant (de)	сержант (м)	[serʒánt]
luitenant (de)	лейтенант (м)	[lejtenánt]
kapitein (de)	капитан (м)	[kapitán]

majoor (de)	майор (м)	[majór]
kolonel (de)	полковник (м)	[pɔlkóvnik]
generaal (de)	генерал (м)	[generál]
maarschalk (de)	маршал (м)	[márʃal]
admiraal (de)	адмирал (м)	[admirál]

militair (de)	военный (м)	[vɔénnij]
soldaat (de)	солдат (м)	[sɔldát]

| officier (de) | офицер (м) | [ɔfitsǽr] |
| commandant (de) | командир (м) | [kɔmandír] |

grenswachter (de)	пограничник (м)	[pɔgraníʧnik]
marconist (de)	радист (м)	[radíst]
verkenner (de)	разведчик (м)	[razvétʧik]
sappeur (de)	сапёр (м)	[sapǿr]
schutter (de)	стрелок (м)	[strelók]
stuurman (de)	штурман (м)	[ʃtúrman]

89. Ambtenaren. Priesters

| koning (de) | король (м) | [kɔrólʲ] |
| koningin (de) | королева (ж) | [kɔrɔléva] |

| prins (de) | принц (м) | [prínts] |
| prinses (de) | принцесса (ж) | [printsǽsa] |

| tsaar (de) | царь (м) | [tsárʲ] |
| tsarina (de) | царица (ж) | [tsarítsa] |

president (de)	президент (м)	[prezidént]
minister (de)	министр (м)	[minístr]
eerste minister (de)	премьер-министр (м)	[premjér-minístr]
senator (de)	сенатор (м)	[senátɔr]

diplomaat (de)	дипломат (м)	[diplɔmát]
consul (de)	консул (м)	[kónsul]
ambassadeur (de)	посол (м)	[pɔsól]
adviseur (de)	советник (м)	[sɔvétnik]

ambtenaar (de)	чиновник (м)	[ʧinóvnik]
prefect (de)	префект (м)	[prefékt]
burgemeester (de)	мэр (м)	[mǽr]

| rechter (de) | судья (ж) | [sudjá] |
| aanklager (de) | прокурор (м) | [prɔkurór] |

missionaris (de)	миссионер (м)	[misiɔnér]
monnik (de)	монах (м)	[mɔnáh]
abt (de)	аббат (м)	[abát]
rabbi, rabbijn (de)	раввин (м)	[ravín]

vizier (de)	визирь (м)	[vizírʲ]
sjah (de)	шах (м)	[ʃáh]
sjeik (de)	шейх (м)	[ʃǽjh]

90. Agrarische beroepen

imker (de)	пчеловод (м)	[pʧelɔvód]
herder (de)	пастух (м)	[pastúh]
landbouwkundige (de)	агроном (м)	[agrɔnóm]

veehouder (de)	животновод (м)	[ʒivɔtnɔvód]
dierenarts (de)	ветеринар (м)	[veterinár]

landbouwer (de)	фермер (м)	[férmer]
wijnmaker (de)	винодел (м)	[vinɔdél]
zoöloog (de)	зоолог (м)	[zɔólɔg]
cowboy (de)	ковбой (м)	[kɔvbój]

91. Kunst beroepen

acteur (de)	актёр (м)	[aktǿr]
actrice (de)	актриса (ж)	[aktrísa]

zanger (de)	певец (м)	[pevéts]
zangeres (de)	певица (ж)	[pevítsa]

danser (de)	танцор (м)	[tantsór]
danseres (de)	танцовщица (ж)	[tantsófʃitsa]

artiest (mann.)	артист (м)	[artíst]
artiest (vrouw.)	артистка (ж)	[artístka]

muzikant (de)	музыкант (м)	[muzikánt]
pianist (de)	пианист (м)	[pianíst]
gitarist (de)	гитарист (м)	[gitaríst]

orkestdirigent (de)	дирижёр (м)	[diriʒór]
componist (de)	композитор (м)	[kɔmpɔzítɔr]
impresario (de)	импресарио (м)	[impresáriɔ]

filmregisseur (de)	режиссёр (м)	[reʒisór]
filmproducent (de)	продюсер (м)	[prɔdʲúsɛr]
scenarioschrijver (de)	сценарист (м)	[stsɛnaríst]
criticus (de)	критик (м)	[krítik]

schrijver (de)	писатель (м)	[pisátelʲ]
dichter (de)	поэт (м)	[pɔǽt]
beeldhouwer (de)	скульптор (м)	[skúlʲptɔr]
kunstenaar (de)	художник (м)	[hudóʒnik]

jongleur (de)	жонглёр (м)	[ʒɔnglór]
clown (de)	клоун (м)	[klóun]
acrobaat (de)	акробат (м)	[akrɔbát]
goochelaar (de)	фокусник (м)	[fókusnik]

92. Verschillende beroepen

dokter, arts (de)	врач (м)	[vrátʃ]
ziekenzuster (de)	медсестра (ж)	[metsestrá]
psychiater (de)	психиатр (м)	[psihiátr]
tandarts (de)	стоматолог (м)	[stɔmatólɔg]
chirurg (de)	хирург (м)	[hirúrg]

astronaut (de)	астронавт (м)	[astrɔnávt]
astronoom (de)	астроном (м)	[astrɔnóm]
chauffeur (de)	водитель (м)	[vɔdítelʲ]
machinist (de)	машинист (м)	[maʃiníst]
mecanicien (de)	механик (м)	[mehánik]
mijnwerker (de)	шахтёр (м)	[ʃahtǿr]
arbeider (de)	рабочий (м)	[rabótʃij]
bankwerker (de)	слесарь (м)	[slésarʲ]
houtbewerker (de)	столяр (м)	[stɔlʲár]
draaier (de)	токарь (м)	[tókarʲ]
bouwvakker (de)	строитель (м)	[strɔítelʲ]
lasser (de)	сварщик (м)	[svárʃʲik]
professor (de)	профессор (м)	[prɔfésɔr]
architect (de)	архитектор (м)	[arhitéktɔr]
historicus (de)	историк (м)	[istórik]
wetenschapper (de)	учёный (м)	[utʃónij]
fysicus (de)	физик (м)	[fízik]
scheikundige (de)	химик (м)	[hímik]
archeoloog (de)	археолог (м)	[arheólɔg]
geoloog (de)	геолог (м)	[geólɔg]
onderzoeker (de)	исследователь (м)	[islédɔvatelʲ]
babysitter (de)	няня (ж)	[nʲánʲa]
leraar, pedagoog (de)	учитель (м)	[utʃítelʲ]
redacteur (de)	редактор (м)	[redáktɔr]
chef-redacteur (de)	главный редактор (м)	[glávnij redáktɔr]
correspondent (de)	корреспондент (м)	[kɔrespɔndént]
typiste (de)	машинистка (ж)	[maʃinístka]
designer (de)	дизайнер (м)	[dizájner]
computerexpert (de)	компьютерщик (м)	[kɔmpjútɛrʃʲik]
programmeur (de)	программист (м)	[prɔgramíst]
ingenieur (de)	инженер (м)	[inʒenér]
matroos (de)	моряк (м)	[mɔrʲák]
zeeman (de)	матрос (м)	[matrós]
redder (de)	спасатель (м)	[spasátelʲ]
brandweerman (de)	пожарный (м)	[pɔʒárnij]
politieagent (de)	полицейский (м)	[pɔlitsǽjskij]
nachtwaker (de)	сторож (м)	[stórɔʃ]
detective (de)	сыщик (м)	[sɨ́ʃʲik]
douanier (de)	таможенник (м)	[tamóʒenik]
lijfwacht (de)	телохранитель (м)	[telɔhranítelʲ]
gevangenisbewaker (de)	охранник (м)	[ɔhránnik]
inspecteur (de)	инспектор (м)	[inspéktɔr]
sportman (de)	спортсмен (м)	[spɔrtsmén]
trainer (de)	тренер (м)	[tréner]
slager, beenhouwer (de)	мясник (м)	[mɪsník]

schoenlapper (de)	сапожник (м)	[sapóʒnik]
handelaar (de)	коммерсант (м)	[kɔmersánt]
lader (de)	грузчик (м)	[grúʃik]

| kledingstilist (de) | модельер (м) | [mɔdɛljér] |
| model (het) | модель (ж) | [mɔdǽlʲ] |

93. Beroepen. Sociale status

| scholier (de) | школьник (м) | [ʃkólʲnik] |
| student (de) | студент (м) | [studént] |

filosoof (de)	философ (м)	[filósɔf]
econoom (de)	экономист (м)	[ɛkɔnɔmíst]
uitvinder (de)	изобретатель (м)	[izɔbretátelʲ]

werkloze (de)	безработный (м)	[bezrabótnij]
gepensioneerde (de)	пенсионер (м)	[pensiɔnér]
spion (de)	шпион (м)	[ʃpión]

gedetineerde (de)	заключённый (м)	[zaklʲutʃónnij]
staker (de)	забастовщик (м)	[zabastófʃik]
bureaucraat (de)	бюрократ (м)	[bʲurɔkrát]
reiziger (de)	путешественник (м)	[puteʃǽstvenik]

homoseksueel (de)	гомосексуалист (м)	[gɔmɔ·sɛksualíst]
hacker (computerkraker)	хакер (м)	[háker]
hippie (de)	хиппи (м)	[híppi]

bandiet (de)	бандит (м)	[bandít]
huurmoordenaar (de)	наёмный убийца (м)	[najómnij ubíjtsa]
drugsverslaafde (de)	наркоман (м)	[narkɔmán]
drugshandelaar (de)	торговец (м) наркотиками	[tɔrgóvets narkótikami]
prostituee (de)	проститутка (ж)	[prɔstitútka]
pooier (de)	сутенёр (м)	[sutenǿr]

tovenaar (de)	колдун (м)	[kɔldún]
tovenares (de)	колдунья (ж)	[kɔldúnja]
piraat (de)	пират (м)	[pirát]
slaaf (de)	раб (м)	[ráb]
samoerai (de)	самурай (м)	[samuráj]
wilde (de)	дикарь (м)	[dikárʲ]

Onderwijs

school (de)	школа (ж)	[ʃkóla]
schooldirecteur (de)	директор (м) школы	[diréktɔr ʃkóli]
leerling (de)	ученик (м)	[utʃeník]
leerlinge (de)	ученица (ж)	[utʃenítsa]
scholier (de)	школьник (м)	[ʃkólʲnik]
scholiere (de)	школьница (ж)	[ʃkólʲnitsa]
leren (lesgeven)	учить (нсв, пх)	[utʃítʲ]
studeren (bijv. een taal ~)	учить (нсв, пх)	[utʃítʲ]
van buiten leren	учить наизусть	[utʃítʲ naizústʲ]
leren (bijv. ~ tellen)	учиться (нсв, возв)	[utʃítsa]
in school zijn	учиться (нсв, возв)	[utʃítsa]
(schooljongen zijn)		
naar school gaan	идти в школу	[itʲtí f ʃkólu]
alfabet (het)	алфавит (м)	[alfavít]
vak (schoolvak)	предмет (м)	[predmét]
klaslokaal (het)	класс (м)	[klás]
les (de)	урок (м)	[urók]
pauze (de)	перемена (ж)	[pereména]
bel (de)	звонок (м)	[zvɔnók]
schooltafel (de)	парта (ж)	[párta]
schoolbord (het)	доска (ж)	[dɔská]
cijfer (het)	отметка (ж)	[ɔtmétka]
goed cijfer (het)	хорошая отметка (ж)	[hɔróʃaja ɔtmétka]
slecht cijfer (het)	плохая отметка (ж)	[plɔhája ɔtmétka]
een cijfer geven	ставить отметку	[stávitʲ ɔtmétku]
fout (de)	ошибка (ж)	[ɔʃípka]
fouten maken	делать ошибки	[délatʲ ɔʃípki]
corrigeren (fouten ~)	исправлять (нсв, пх)	[ispravlʲátʲ]
spiekbriefje (het)	шпаргалка (ж)	[ʃpargálka]
huiswerk (het)	домашнее задание (с)	[dɔmáʃnee zadánie]
oefening (de)	упражнение (с)	[upraʒnénie]
aanwezig zijn (ww)	присутствовать (нсв, нпх)	[prisútstvɔvatʲ]
absent zijn (ww)	отсутствовать (нсв, нпх)	[ɔtsútstvɔvatʲ]
school verzuimen	пропускать уроки	[prɔpuskátʲ uróki]
bestraffen (een stout kind ~)	наказывать (нсв, пх)	[nakázivatʲ]
bestraffing (de)	наказание (с)	[nakazánie]

gedrag (het)	поведение (c)	[pɔvedénie]
cijferlijst (de)	дневник (м)	[dnevník]
potlood (het)	карандаш (м)	[karandáʃ]
gom (de)	ластик (м)	[lástik]
krijt (het)	мел (м)	[mél]
pennendoos (de)	пенал (м)	[penál]
boekentas (de)	портфель (м)	[pɔrtféli]
pen (de)	ручка (ж)	[rútʃka]
schrift (de)	тетрадь (ж)	[tetráti]
leerboek (het)	учебник (м)	[utʃébnik]
passer (de)	циркуль (м)	[tsírkuli]
technisch tekenen (ww)	чертить (нсв, пх)	[tʃertíti]
technische tekening (de)	чертёж (м)	[tʃertǿʃ]
gedicht (het)	стихотворение (c)	[stihɔtvɔrénie]
van buiten (bw)	наизусть	[naizústi]
van buiten leren	учить наизусть	[utʃíti naizústi]
vakantie (de)	каникулы (мн)	[kaníkuli]
met vakantie zijn	быть на каникулах	[bíti na kaníkulah]
vakantie doorbrengen	провести каникулы	[prɔvestí kaníkuli]
toets (schriftelijke ~)	контрольная работа (ж)	[kɔntróli naja rabóta]
opstel (het)	сочинение (c)	[sɔtʃinénie]
dictee (het)	диктант (м)	[diktánt]
examen (het)	экзамен (м)	[ɛkzámen]
examen afleggen	сдавать экзамены	[zdaváti ɛkzámeni]
experiment (het)	опыт (м)	[ópit]

95. Hogeschool. Universiteit

academie (de)	академия (ж)	[akadémija]
universiteit (de)	университет (м)	[universitét]
faculteit (de)	факультет (м)	[fakuliтét]
student (de)	студент (м)	[studént]
studente (de)	студентка (ж)	[studéntka]
leraar (de)	преподаватель (м)	[prepɔdaváteli]
collegezaal (de)	аудитория (ж)	[auditórija]
afgestudeerde (de)	выпускник (м)	[vipuskník]
diploma (het)	диплом (м)	[diplóm]
dissertatie (de)	диссертация (ж)	[disertátsija]
onderzoek (het)	исследование (c)	[islédɔvanie]
laboratorium (het)	лаборатория (ж)	[laboratórija]
college (het)	лекция (ж)	[léktsija]
medestudent (de)	однокурсник (м)	[ɔdnɔkúrsnik]
studiebeurs (de)	стипендия (ж)	[stipéndija]
academische graad (de)	учёная степень (ж)	[utʃónaja stépeni]

96. Wetenschappen. Disciplines

wiskunde (de)	математика (ж)	[matemátika]
algebra (de)	алгебра (ж)	[álgebra]
meetkunde (de)	геометрия (ж)	[geométrija]

astronomie (de)	астрономия (ж)	[astronómija]
biologie (de)	биология (ж)	[biológija]
geografie (de)	география (ж)	[geográfija]
geologie (de)	геология (ж)	[geológija]
geschiedenis (de)	история (ж)	[istórija]

geneeskunde (de)	медицина (ж)	[meditsína]
pedagogiek (de)	педагогика (ж)	[pedagógika]
rechten (mv.)	право (с)	[právɔ]

fysica, natuurkunde (de)	физика (ж)	[fízika]
scheikunde (de)	химия (ж)	[hímija]
filosofie (de)	философия (ж)	[filɔsófija]
psychologie (de)	психология (ж)	[psihɔlógija]

97. Schrift. Spelling

grammatica (de)	грамматика (ж)	[gramátika]
vocabulaire (het)	лексика (ж)	[léksika]
fonetiek (de)	фонетика (ж)	[fɔnǽtika]

zelfstandig naamwoord (het)	существительное (с)	[suʃestvítelʲnɔe]
bijvoeglijk naamwoord (het)	прилагательное (с)	[prilagátelʲnɔe]
werkwoord (het)	глагол (м)	[glagól]
bijwoord (het)	наречие (с)	[narétʃie]

voornaamwoord (het)	местоимение (с)	[mestɔiménie]
tussenwerpsel (het)	междометие (с)	[meʒdɔmétie]
voorzetsel (het)	предлог (м)	[predlóg]

stam (de)	корень (м) слова	[kórenʲ slóva]
achtervoegsel (het)	окончание (с)	[ɔkɔntʃánie]
voorvoegsel (het)	приставка (ж)	[pristáfka]
lettergreep (de)	слог (м)	[slóg]
achtervoegsel (het)	суффикс (м)	[súfiks]

nadruk (de)	ударение (с)	[udarénie]
afkappingsteken (het)	апостроф (м)	[apóstrɔf]

punt (de)	точка (ж)	[tótʃka]
komma (de/het)	запятая (ж)	[zapıtája]
puntkomma (de)	точка (ж) с запятой	[tótʃka s zapıtój]
dubbelpunt (de)	двоеточие (с)	[dvɔetótʃie]
beletselteken (het)	многоточие (с)	[mnɔgɔtótʃie]

vraagteken (het)	вопросительный знак (м)	[vɔprɔsítelʲnij znák]
uitroepteken (het)	восклицательный знак (м)	[vɔsklıtsátelʲnij znák]

aanhalingstekens (mv.)	кавычки (ж мн)	[kavītʃki]
tussen aanhalingstekens (bw)	в кавычках	[f kavītʃkah]
haakjes (mv.)	скобки (ж мн)	[skópki]
tussen haakjes (bw)	в скобках	[f skópkah]

streepje (het)	дефис (м)	[defís]
gedachtestreepje (het)	тире (c)	[tirǽ]
spatie	пробел (м)	[probél]
(~ tussen twee woorden)		

letter (de)	буква (ж)	[búkva]
hoofdletter (de)	большая буква (ж)	[bolʲʃája búkva]

klinker (de)	гласный звук (м)	[glásnij zvúk]
medeklinker (de)	согласный звук (м)	[soglásnij zvúk]

zin (de)	предложение (c)	[predloʒǽnie]
onderwerp (het)	подлежащее (c)	[podleʒáʃee]
gezegde (het)	сказуемое (c)	[skazúemoe]

regel (in een tekst)	строка (ж)	[stroká]
op een nieuwe regel (bw)	с новой строки	[s nóvoj strokí]
alinea (de)	абзац (м)	[abzáts]

woord (het)	слово (c)	[slóvo]
woordgroep (de)	словосочетание (c)	[slovo·sotʃetánie]
uitdrukking (de)	выражение (c)	[viraʒǽnie]
synoniem (het)	синоним (м)	[sinónim]
antoniem (het)	антоним (м)	[antónim]

regel (de)	правило (c)	[právilo]
uitzondering (de)	исключение (c)	[isklʲutʃénie]
correct (bijv. ~e spelling)	верный	[vérnij]

vervoeging, conjugatie (de)	спряжение (c)	[sprɪʒǽnie]
verbuiging, declinatie (de)	склонение (c)	[sklonénie]
naamval (de)	падеж (м)	[padéʃ]
vraag (de)	вопрос (м)	[voprós]
onderstrepen (ww)	подчеркнуть (св, пх)	[pottʃerknútʲ]
stippellijn (de)	пунктир (м)	[punktír]

98. Vreemde talen

taal (de)	язык (м)	[jɪzīk]
vreemd (bn)	иностранный	[inostránnij]
vreemde taal (de)	иностранный язык (м)	[inostránnij jɪzīk]
leren (bijv. van buiten ~)	изучать (нсв, пх)	[izutʃátʲ]
studeren (Nederlands ~)	учить (нсв, пх)	[utʃítʲ]

lezen (ww)	читать (нсв, н/пх)	[tʃitátʲ]
spreken (ww)	говорить (нсв, н/пх)	[govorítʲ]
begrijpen (ww)	понимать (нсв, пх)	[ponimátʲ]
schrijven (ww)	писать (нсв, пх)	[pisátʲ]
snel (bw)	быстро	[bīstro]

| langzaam (bw) | медленно | [médlenɔ] |
| vloeiend (bw) | свободно | [svɔbódnɔ] |

regels (mv.)	правила (с мн)	[právila]
grammatica (de)	грамматика (ж)	[gramátika]
vocabulaire (het)	лексика (ж)	[léksika]
fonetiek (de)	фонетика (ж)	[fɔnǽtika]

leerboek (het)	учебник (м)	[utʃébnik]
woordenboek (het)	словарь (м)	[slɔvárʲ]
leerboek (het) voor zelfstudie	самоучитель (м)	[samɔutʃítelʲ]
taalgids (de)	разговорник (м)	[razgɔvórnik]

cassette (de)	кассета (ж)	[kaséta]
videocassette (de)	видеокассета (ж)	[vídeɔ·kaséta]
CD (de)	компакт-диск (м)	[kɔmpákt-dísk]
DVD (de)	DVD-диск (м)	[di·vi·dí dísk]

alfabet (het)	алфавит (м)	[alfavít]
spellen (ww)	говорить по буквам	[gɔvɔrítʲ pɔ búkvam]
uitspraak (de)	произношение (с)	[prɔiznɔʃǽnie]

accent (het)	акцент (м)	[aktsǽnt]
met een accent (bw)	с акцентом	[s aktsǽntɔm]
zonder accent (bw)	без акцента	[bez aktsǽnta]

| woord (het) | слово (с) | [slóvɔ] |
| betekenis (de) | смысл (м) | [smĩsl] |

cursus (de)	курсы (мн)	[kúrsɨ]
zich inschrijven (ww)	записаться (св, возв)	[zapisátsa]
leraar (de)	преподаватель (м)	[prepɔdavátelʲ]

vertaling (een ~ maken)	перевод (м)	[perevód]
vertaling (tekst)	перевод (м)	[perevód]
vertaler (de)	переводчик (м)	[perevóttʃik]
tolk (de)	переводчик (м)	[perevóttʃik]

| polyglot (de) | полиглот (м) | [pɔliglót] |
| geheugen (het) | память (ж) | [pámɪtʲ] |

Rusten. Entertainment. Reizen

99. Trip. Reizen

toerisme (het)	туризм (м)	[turízm]
toerist (de)	турист (м)	[turíst]
reis (de)	путешествие (с)	[puteʃǽstvie]
avontuur (het)	приключение (с)	[priklʲutʃénie]
tocht (de)	поездка (ж)	[pɔéstka]

vakantie (de)	отпуск (м)	[ótpusk]
met vakantie zijn	быть в отпуске	[bïtʲ v ótpuske]
rust (de)	отдых (м)	[ótdïh]

trein (de)	поезд (м)	[póezd]
met de trein	поездом	[póezdɔm]
vliegtuig (het)	самолёт (м)	[samɔlǿt]
met het vliegtuig	самолётом	[samɔlǿtɔm]
met de auto	на автомобиле	[na aftɔmɔbíle]
per schip (bw)	на корабле	[na kɔrablé]

bagage (de)	багаж (м)	[bagáʃ]
valies (de)	чемодан (м)	[tʃemɔdán]
bagagekarretje (het)	тележка (ж) для багажа	[teléʃka dlʲa bagaʒá]

paspoort (het)	паспорт (м)	[páspɔrt]
visum (het)	виза (ж)	[víza]
kaartje (het)	билет (м)	[bilét]
vliegticket (het)	авиабилет (м)	[aviabilét]

reisgids (de)	путеводитель (м)	[putevɔdítelʲ]
kaart (de)	карта (ж)	[kárta]
gebied (landelijk ~)	местность (ж)	[mésnɔstʲ]
plaats (de)	место (с)	[méstɔ]

exotische bestemming (de)	экзотика (ж)	[ɛkzótika]
exotisch (bn)	экзотический	[ɛkzɔtítʃeskij]
verwonderlijk (bn)	удивительный	[udivítelʲnij]

groep (de)	группа (ж)	[grúpa]
rondleiding (de)	экскурсия (ж)	[ɛkskúrsija]
gids (de)	экскурсовод (м)	[ɛkskursɔvód]

100. Hotel

hotel (het)	гостиница (ж)	[gɔstínitsa]
motel (het)	мотель (м)	[mɔtǽlʲ]
3-sterren	3 звезды	[trí zvezdï]

5-sterren	5 звёзд	[pʲátʲ zvǿzd]
overnachten (ww)	остановиться (св, возв)	[ɔstanɔvítsa]
kamer (de)	номер (м)	[nómer]
eenpersoonskamer (de)	одноместный номер (м)	[ɔdnɔ·mésnij nómer]
tweepersoonskamer (de)	двухместный номер (м)	[dvuh·mésnij nómer]
een kamer reserveren	бронировать номер	[brɔnírɔvatʲ nómer]
halfpension (het)	полупансион (м)	[pɔlu·pansión]
volpension (het)	полный пансион (м)	[pólnij pansión]
met badkamer	с ванной	[s vánnɔj]
met douche	с душем	[s dúʃɛm]
satelliet-tv (de)	спутниковое телевидение (с)	[spútnikɔvɔe televídenie]
airconditioner (de)	кондиционер (м)	[kɔnditsiɔnér]
handdoek (de)	полотенце (с)	[pɔlɔténtse]
sleutel (de)	ключ (м)	[klʲútʃ]
administrateur (de)	администратор (м)	[administrátɔr]
kamermeisje (het)	горничная (ж)	[górnitʃnaja]
piccolo (de)	носильщик (м)	[nɔsílʲʃik]
portier (de)	портье (с)	[pɔrtjé]
restaurant (het)	ресторан (м)	[restɔrán]
bar (de)	бар (м)	[bár]
ontbijt (het)	завтрак (м)	[záftrak]
avondeten (het)	ужин (м)	[úʒin]
buffet (het)	шведский стол (м)	[ʃvétskij stól]
hal (de)	вестибюль (м)	[vestibʲúlʲ]
lift (de)	лифт (м)	[líft]
NIET STOREN	НЕ БЕСПОКОИТЬ	[ne bespɔkóitʲ]
VERBODEN TE ROKEN!	НЕ КУРИТЬ!	[ne kurítʲ]

TECHNISCHE APPARATUUR. VERVOER

Technische apparatuur

computer (de)	компьютер (м)	[kɔmpjútɛr]
laptop (de)	ноутбук (м)	[nɔutbúk]
aanzetten (ww)	включить (св, пх)	[fklʲútʃitʲ]
uitzetten (ww)	выключить (св, пх)	[vĭklʲútʃitʲ]
toetsenbord (het)	клавиатура (ж)	[klaviatúra]
toets (enter~)	клавиша (ж)	[kláviʃa]
muis (de)	мышь (ж)	[mĭʃ]
muismat (de)	коврик (м)	[kóvrik]
knopje (het)	кнопка (ж)	[knópka]
cursor (de)	курсор (м)	[kursór]
monitor (de)	монитор (м)	[mɔnitór]
scherm (het)	экран (м)	[ɛkrán]
harde schijf (de)	жёсткий диск (м)	[ʒóstkij dísk]
volume (het)	объём (м) жёсткого диска	[ɔbjóm ʒóstkɔvɔ díska]
van de harde schijf		
geheugen (het)	память (ж)	[pámɪtʲ]
RAM-geheugen (het)	оперативная память (ж)	[ɔperatívnaja pámɪtʲ]
bestand (het)	файл (м)	[fájl]
folder (de)	папка (ж)	[pápka]
openen (ww)	открыть (св, пх)	[ɔtkrĭtʲ]
sluiten (ww)	закрыть (св, пх)	[zakrĭtʲ]
opslaan (ww)	сохранить (св, пх)	[sɔhranítʲ]
verwijderen (wissen)	удалить (св, пх)	[udalítʲ]
kopiëren (ww)	скопировать (св, пх)	[skɔpírɔvatʲ]
sorteren (ww)	сортировать (нсв, пх)	[sɔrtirɔvátʲ]
overplaatsen (ww)	переписать (св, пх)	[perepisátʲ]
programma (het)	программа (ж)	[prɔgráma]
software (de)	программное обеспечение (с)	[prɔgrámnɔe ɔbespetʃénie]
programmeur (de)	программист (м)	[prɔgramíst]
programmeren (ww)	программировать (нсв, пх)	[prɔgramírɔvatʲ]
hacker (computerkraker)	хакер (м)	[háker]
wachtwoord (het)	пароль (м)	[parólʲ]
virus (het)	вирус (м)	[vírus]

ontdekken (virus ~)	обнаружить (св, пх)	[ɔbnarúʒitʲ]
byte (de)	байт (м)	[bájt]
megabyte (de)	мегабайт (м)	[megabájt]

data (de)	данные (мн)	[dánnie]
databank (de)	база (ж) данных	[báza dánnih]

kabel (USB-~, enz.)	кабель (м)	[kábelʲ]
afsluiten (ww)	отсоединить (св, пх)	[ɔtsɔedinítʲ]
aansluiten op (ww)	подсоединить (св, пх)	[pɔtsɔedinítʲ]

102. Internet. E-mail

internet (het)	интернет (м)	[intɛrnǽt]
browser (de)	браузер (м)	[bráuzer]
zoekmachine (de)	поисковый ресурс (м)	[pɔiskóvij resúrs]
internetprovider (de)	провайдер (м)	[prɔvájder]

webmaster (de)	веб-мастер (м)	[vɛb-máster]
website (de)	веб-сайт (м)	[vɛb-sájt]
webpagina (de)	веб-страница (ж)	[vɛb-stranítsa]

adres (het)	адрес (м)	[ádres]
adresboek (het)	адресная книга (ж)	[ádresnaja kníga]

postvak (het)	почтовый ящик (м)	[pɔtʃtóvij jáʃik]
post (de)	почта (ж)	[pótʃta]
vol (~ postvak)	переполненный	[perepólnenij]

bericht (het)	сообщение (с)	[sɔɔpʃénie]
binnenkomende berichten (mv.)	входящие сообщения (с мн)	[fhɔdʲáʃie sɔɔpʃénija]
uitgaande berichten (mv.)	исходящие сообщения (с мн)	[isxɔdʲáʃie sɔɔpʃénija]

verzender (de)	отправитель (м)	[ɔtpravítelʲ]
verzenden (ww)	отправить (св, пх)	[ɔtprávitʲ]
verzending (de)	отправка (ж)	[ɔtpráfka]

ontvanger (de)	получатель (м)	[pɔlutʃátelʲ]
ontvangen (ww)	получить (св, пх)	[pɔlutʃítʲ]

correspondentie (de)	переписка (ж)	[perepíska]
corresponderen (met ...)	переписываться (нсв, возв)	[perepísivatsa]

bestand (het)	файл (м)	[fájl]
downloaden (ww)	скачать (св, пх)	[skatʃátʲ]
creëren (ww)	создать (св, пх)	[sɔzdátʲ]
verwijderen (een bestand ~)	удалить (св, пх)	[udalítʲ]
verwijderd (bn)	удалённый	[udalǿnnij]

verbinding (de)	связь (ж)	[svʲásʲ]
snelheid (de)	скорость (ж)	[skórɔstʲ]
modem (de)	модем (м)	[mɔdǽm]

| toegang (de) | доступ (м) | [dóstup] |
| poort (de) | порт (м) | [pórt] |

| aansluiting (de) | подключение (с) | [pɔtklʲutʃénie] |
| zich aansluiten (ww) | подключиться (св, возв) | [pɔtklʲutʃítsa] |

| selecteren (ww) | выбрать (св, пх) | [vībratʲ] |
| zoeken (ww) | искать ... (нсв, пх) | [iskátʲ ...] |

103. Elektriciteit

elektriciteit (de)	электричество (с)	[ɛlektrítʃestvɔ]
elektrisch (bn)	электрический	[ɛlektrítʃeskij]
elektriciteitscentrale (de)	электростанция (ж)	[ɛléktrɔ·stántsija]
energie (de)	энергия (ж)	[ɛnǽrgija]
elektrisch vermogen (het)	электроэнергия (ж)	[ɛléktrɔ·ɛnǽrgija]

lamp (de)	лампочка (ж)	[lámpɔtʃka]
zaklamp (de)	фонарь (м)	[fɔnárʲ]
straatlantaarn (de)	фонарь (м)	[fɔnárʲ]

licht (elektriciteit)	свет (м)	[svét]
aandoen (ww)	включать (нсв, пх)	[fklʲutʃátʲ]
uitdoen (ww)	выключать (нсв, пх)	[viklʲutʃátʲ]
het licht uitdoen	погасить свет	[pɔgasítʲ svét]

doorbranden (gloeilamp)	перегореть (св, нпх)	[peregɔrétʲ]
kortsluiting (de)	короткое замыкание (с)	[kɔrótkɔe zamɨkánie]
onderbreking (de)	обрыв (м)	[ɔbrīf]
contact (het)	контакт (м)	[kɔntákt]

| schakelaar (de) | выключатель (м) | [viklʲutʃátelʲ] |
| stopcontact (het) | розетка (ж) | [rɔzétka] |

| stekker (de) | вилка (ж) | [vílka] |
| verlengsnoer (de) | удлинитель (м) | [udlinítelʲ] |

zekering (de)	предохранитель (м)	[predɔhranítelʲ]
kabel (de)	провод (м)	[próvɔd]
bedrading (de)	проводка (ж)	[prɔvótka]

| ampère (de) | ампер (м) | [ampér] |
| stroomsterkte (de) | сила (ж) тока | [síla tóka] |

| volt (de) | вольт (м) | [vólʲt] |
| spanning (de) | напряжение (с) | [naprɨʒǽnie] |

| elektrisch toestel (het) | электроприбор (м) | [ɛléktrɔ·pribór] |
| indicator (de) | индикатор (м) | [indikátɔr] |

elektricien (de)	электрик (м)	[ɛléktrik]
solderen (ww)	паять (нсв, пх)	[pajátʲ]
soldeerbout (de)	паяльник (м)	[pajálʲnik]
stroom (de)	ток (м)	[tók]

104. Gereedschappen

werktuig (stuk gereedschap)	инструмент (м)	[instrumént]
gereedschap (het)	инструменты (м мн)	[instruménti]
uitrusting (de)	оборудование (с)	[obɔrúdɔvanie]
hamer (de)	молоток (м)	[mɔlɔtók]
schroevendraaier (de)	отвёртка (ж)	[ɔtvǿrtka]
bijl (de)	топор (м)	[tɔpór]
zaag (de)	пила (ж)	[pilá]
zagen (ww)	пилить (нсв, пх)	[pilítʲ]
schaaf (de)	рубанок (м)	[rubánɔk]
schaven (ww)	строгать (нсв, пх)	[strɔgátʲ]
soldeerbout (de)	паяльник (м)	[pajálʲnik]
solderen (ww)	паять (нсв, пх)	[pajátʲ]
vijl (de)	напильник (м)	[napílʲnik]
nijptang (de)	клещи (мн)	[kléʃʲi]
combinatietang (de)	плоскогубцы (мн)	[plɔskɔ·gúptsi]
beitel (de)	стамеска (ж)	[staméska]
boorkop (de)	сверло (с)	[sverló]
boormachine (de)	дрель (ж)	[drélʲ]
boren (ww)	сверлить (нсв, пх)	[sverlítʲ]
mes (het)	нож (м)	[nóʃ]
lemmet (het)	лезвие (с)	[lézvie]
scherp (bijv. ~ mes)	острый	[óstrij]
bot (bn)	тупой	[tupój]
bot raken (ww)	затупиться (св, возв)	[zatupítsa]
slijpen (een mes ~)	точить (нсв, пх)	[tɔtʃítʲ]
bout (de)	болт (м)	[bólt]
moer (de)	гайка (ж)	[gájka]
schroefdraad (de)	резьба (ж)	[rezʲbá]
houtschroef (de)	шуруп (м)	[ʃurúp]
spijker (de)	гвоздь (м)	[gvóstʲ]
kop (de)	шляпка (ж)	[ʃlʲápka]
liniaal (de/het)	линейка (ж)	[linéjka]
rolmeter (de)	рулетка (ж)	[rulétka]
waterpas (de/het)	уровень (м)	[úrɔvenʲ]
loep (de)	лупа (ж)	[lúpa]
meetinstrument (het)	измерительный прибор (м)	[izmerítelʲnij pribór]
opmeten (ww)	измерять (нсв, пх)	[izmerʲátʲ]
schaal (meetschaal)	шкала (ж)	[ʃkalá]
gegevens (mv.)	показание (с)	[pɔkazánie]
compressor (de)	компрессор (м)	[kɔmprésɔr]
microscoop (de)	микроскоп (м)	[mikrɔskóp]

pomp (de)	насос (м)	[nasós]
robot (de)	робот (м)	[róbɔt]
laser (de)	лазер (м)	[lázɛr]

moersleutel (de)	гаечный ключ (м)	[gáetʃnij klʲútʃ]
plakband (de)	лента-скотч (м)	[lénta-skótʃ]
lijm (de)	клей (м)	[kléj]

schuurpapier (het)	наждачная бумага (ж)	[naʒdátʃnaja bumága]
veer (de)	пружина (ж)	[pruʒīna]
magneet (de)	магнит (м)	[magnít]
handschoenen (mv.)	перчатки (ж мн)	[pertʃátki]

touw (bijv. henneptouw)	верёвка (ж)	[verǿfka]
snoer (het)	шнур (м)	[ʃnúr]
draad (de)	провод (м)	[próvɔd]
kabel (de)	кабель (м)	[kábelʲ]

moker (de)	кувалда (ж)	[kuválda]
breekijzer (het)	лом (м)	[lóm]
ladder (de)	лестница (ж)	[lésnitsa]
trapje (inklapbaar ~)	стремянка (ж)	[stremʲánka]

aanschroeven (ww)	закручивать (нсв, пх)	[zakrútʃivatʲ]
losschroeven (ww)	откручивать (нсв, пх)	[ɔtkrútʃivatʲ]
dichtpersen (ww)	зажимать (нсв, пх)	[zaʒimátʲ]
vastlijmen (ww)	приклеивать (нсв, пх)	[prikléivatʲ]
snijden (ww)	резать (нсв, пх)	[rézatʲ]

defect (het)	неисправность (ж)	[neisprávnɔstʲ]
reparatie (de)	починка (ж)	[pɔtʃínka]
repareren (ww)	ремонтировать (нсв, пх)	[remɔntírɔvatʲ]
regelen (een machine ~)	регулировать (нсв, пх)	[regulírɔvatʲ]

checken (ww)	проверять (нсв, пх)	[prɔverʲátʲ]
controle (de)	проверка (ж)	[prɔvérka]
gegevens (mv.)	показание (с)	[pɔkazánie]

degelijk (bijv. ~ machine)	надёжный	[nadǿʒnij]
ingewikkeld (bn)	сложный	[slóʒnij]

roesten (ww)	ржаветь (нсв, нпх)	[rʒavétʲ]
roestig (bn)	ржавый	[rʒávij]
roest (de/het)	ржавчина (ж)	[rʒáftʃina]

Vervoer

vliegtuig (het)	самолёт (м)	[samɔlǿt]
vliegticket (het)	авиабилет (м)	[aviabilét]
luchtvaartmaatschappij (de)	авиакомпания (ж)	[avia·kɔmpánija]
luchthaven (de)	аэропорт (м)	[aɛrɔpórt]
supersonisch (bn)	сверхзвуковой	[sverh·zvukɔvój]
gezagvoerder (de)	командир (м) корабля	[kɔmandír kɔrablʲá]
bemanning (de)	экипаж (м)	[ɛkipáʃ]
piloot (de)	пилот (м)	[pilót]
stewardess (de)	стюардесса (ж)	[stʲuardǽsa]
stuurman (de)	штурман (м)	[ʃtúrman]
vleugels (mv.)	крылья (с мн)	[krĩlja]
staart (de)	хвост (м)	[hvóst]
cabine (de)	кабина (ж)	[kabína]
motor (de)	двигатель (м)	[dvígatelʲ]
landingsgestel (het)	шасси (с)	[ʃassí]
turbine (de)	турбина (ж)	[turbína]
propeller (de)	пропеллер (м)	[prɔpéller]
zwarte doos (de)	чёрный ящик (м)	[ʧʲórnij jáʃʲik]
stuur (het)	штурвал (м)	[ʃturvál]
brandstof (de)	горючее (с)	[gɔrʲúʧʲee]
veiligheidskaart (de)	инструкция по безопасности	[instrúkʦija pɔ bezɔpásnɔsti]
zuurstofmasker (het)	кислородная маска (ж)	[kislɔródnaja máska]
uniform (het)	униформа (ж)	[unifórma]
reddingsvest (de)	спасательный жилет (м)	[spasátelʲnij ʒilét]
parachute (de)	парашют (м)	[paraʃút]
opstijgen (het)	взлёт (м)	[vzlǿt]
opstijgen (ww)	взлетать (нсв, нпх)	[vzletátʲ]
startbaan (de)	взлётная полоса (ж)	[vzlǿtnaja pɔlasá]
zicht (het)	видимость (ж)	[vídimɔstʲ]
vlucht (de)	полёт (м)	[pɔlǿt]
hoogte (de)	высота (ж)	[visɔtá]
luchtzak (de)	воздушная яма (ж)	[vɔzdúʃnaja jáma]
plaats (de)	место (с)	[méstɔ]
koptelefoon (de)	наушники (м мн)	[naúʃniki]
tafeltje (het)	откидной столик (м)	[ɔtkidnój stólik]
venster (het)	иллюминатор (м)	[ilʲuminátɔr]
gangpad (het)	проход (м)	[prɔhód]

106. Trein

trein (de)	поезд (м)	[póezd]
elektrische trein (de)	электричка (ж)	[ɛlektrítʃka]
sneltrein (de)	скорый поезд (м)	[skórij póezd]
diesellocomotief (de)	тепловоз (м)	[teplɔvós]
stoomlocomotief (de)	паровоз (м)	[parɔvós]

rijtuig (het)	вагон (м)	[vagón]
restauratierijtuig (het)	вагон-ресторан (м)	[vagón-restɔrán]

rails (mv.)	рельсы (мн)	[rélʲsi]
spoorweg (de)	железная дорога (ж)	[ʒeléznaja dɔróga]
dwarsligger (de)	шпала (ж)	[ʃpála]

perron (het)	платформа (ж)	[platfórma]
spoor (het)	путь (м)	[pútʲ]
semafoor (de)	семафор (м)	[semafór]
halte (bijv. kleine treinhalte)	станция (ж)	[stántsija]

machinist (de)	машинист (м)	[maʃiníst]
kruier (de)	носильщик (м)	[nɔsílʲʃik]
conducteur (de)	проводник (м)	[prɔvɔdník]
passagier (de)	пассажир (м)	[pasaʒir]
controleur (de)	контролёр (м)	[kɔntrɔlǿr]

gang (in een trein)	коридор (м)	[kɔridór]
noodrem (de)	стоп-кран (м)	[stɔp-krán]
coupé (de)	купе (с)	[kupǽ]
bed (slaapplaats)	полка (ж)	[pólka]
bovenste bed (het)	верхняя полка (ж)	[vérhnʲaja pólka]
onderste bed (het)	нижняя полка (ж)	[níʒnʲaja pólka]
beddengoed (het)	постельное бельё (с)	[pɔstélʲnɔe beljǿ]

kaartje (het)	билет (м)	[bilét]
dienstregeling (de)	расписание (с)	[raspisánie]
informatiebord (het)	табло (с)	[tabló]

vertrekken (De trein vertrekt ...)	отходить (нсв, нпх)	[ɔtxɔdítʲ]
vertrek (ov. een trein)	отправление (с)	[ɔtpravlénie]
aankomen (ov. de treinen)	прибывать (нсв, нпх)	[pribivátʲ]
aankomst (de)	прибытие (с)	[pribîtie]

aankomen per trein	приехать поездом	[priéhatʲ póezdɔm]
in de trein stappen	сесть на поезд	[séstʲ na póezd]
uit de trein stappen	сойти с поезда	[sɔjtí s póezda]

treinwrak (het)	крушение (с)	[kruʃǽnie]
ontspoord zijn	сойти с рельс	[sɔjtí s rélʲs]

stoomlocomotief (de)	паровоз (м)	[parɔvós]
stoker (de)	кочегар (м)	[kɔtʃegár]
stookplaats (de)	топка (ж)	[tópka]
steenkool (de)	уголь (м)	[úgɔlʲ]

107. Schip

schip (het)	корабль (м)	[koráblʲ]
vaartuig (het)	судно (с)	[súdnɔ]
stoomboot (de)	пароход (м)	[parɔhód]
motorschip (het)	теплоход (м)	[teplɔhód]
lijnschip (het)	лайнер (м)	[lájner]
kruiser (de)	крейсер (м)	[kréjser]
jacht (het)	яхта (ж)	[jáhta]
sleepboot (de)	буксир (м)	[buksír]
duwbak (de)	баржа (ж)	[barʒá]
ferryboot (de)	паром (м)	[paróm]
zeilboot (de)	парусник (м)	[párusnik]
brigantijn (de)	бригантина (ж)	[brigantína]
ijsbreker (de)	ледокол (м)	[ledɔkól]
duikboot (de)	подводная лодка (ж)	[pɔdvódnaja lótka]
boot (de)	лодка (ж)	[lótka]
sloep (de)	шлюпка (ж)	[ʃlʲúpka]
reddingssloep (de)	спасательная шлюпка (ж)	[spasátelʲnaja ʃlʲúpka]
motorboot (de)	катер (м)	[káter]
kapitein (de)	капитан (м)	[kapitán]
zeeman (de)	матрос (м)	[matrós]
matroos (de)	моряк (м)	[mɔrʲák]
bemanning (de)	экипаж (м)	[ɛkipáʃ]
bootsman (de)	боцман (м)	[bótsman]
scheepsjongen (de)	юнга (м)	[júnga]
kok (de)	кок (м)	[kók]
scheepsarts (de)	судовой врач (м)	[sudɔvój vráʧ]
dek (het)	палуба (ж)	[páluba]
mast (de)	мачта (ж)	[máʧta]
zeil (het)	парус (м)	[párus]
ruim (het)	трюм (м)	[trʲúm]
voorsteven (de)	нос (м)	[nós]
achtersteven (de)	корма (ж)	[kɔrmá]
roeispaan (de)	весло (с)	[vesló]
schroef (de)	винт (м)	[vínt]
kajuit (de)	каюта (ж)	[kajúta]
officierskamer (de)	кают-компания (ж)	[kajút-kɔmpánija]
machinekamer (de)	машинное отделение (с)	[maʃínnɔe ɔtdelénie]
brug (de)	капитанский мостик (м)	[kapitánskij móstik]
radiokamer (de)	радиорубка (ж)	[radiɔ·rúpka]
radiogolf (de)	волна (ж)	[vɔlná]
logboek (het)	судовой журнал (м)	[sudɔvój ʒurnál]
verrekijker (de)	подзорная труба (ж)	[pɔdzórnaja trubá]
klok (de)	колокол (м)	[kólɔkɔl]

vlag (de)	флаг (м)	[flág]
kabel (de)	канат (м)	[kanát]
knoop (de)	узел (м)	[úzel]

| leuning (de) | поручень (м) | [pórutʃenʲ] |
| trap (de) | трап (м) | [tráp] |

anker (het)	якорь (м)	[jákorʲ]
het anker lichten	поднять якорь	[pɔdnʲátʲ jákɔrʲ]
het anker neerlaten	бросить якорь	[brósitʲ jákɔrʲ]
ankerketting (de)	якорная цепь (ж)	[jákɔrnaja tsǽpʲ]

haven (bijv. containerhaven)	порт (м)	[pórt]
kaai (de)	причал (м)	[pritʃál]
aanleggen (ww)	причаливать (нсв, нпх)	[pritʃálivatʲ]
wegvaren (ww)	отчаливать (нсв, нпх)	[ɔtʃálivatʲ]

reis (de)	путешествие (с)	[puteʃǽstvie]
cruise (de)	круиз (м)	[kruís]
koers (de)	курс (м)	[kúrs]
route (de)	маршрут (м)	[marʃrút]

vaarwater (het)	фарватер (м)	[farvátɛr]
zandbank (de)	мель (ж)	[mélʲ]
stranden (ww)	сесть на мель	[séstʲ na mélʲ]

storm (de)	буря (ж)	[búrʲa]
signaal (het)	сигнал (м)	[signál]
zinken (ov. een boot)	тонуть (нсв, нпх)	[tɔnútʲ]
Man overboord!	Человек за бортом!	[tʃelɔvék za bórtɔm]
SOS (noodsignaal)	SOS (м)	[sós]
reddingsboei (de)	спасательный круг (м)	[spasátelʲnij krúg]

108. Vliegveld

luchthaven (de)	аэропорт (м)	[aɛrɔpórt]
vliegtuig (het)	самолёт (м)	[samɔlǿt]
luchtvaartmaatschappij (de)	авиакомпания (ж)	[avia·kɔmpánija]
luchtverkeersleider (de)	авиадиспетчер (м)	[avia·dispétʃer]

vertrek (het)	вылет (м)	[vīlet]
aankomst (de)	прилёт (м)	[prilǿt]
aankomen (per vliegtuig)	прилететь (св, нпх)	[priletétʲ]

| vertrektijd (de) | время (с) вылета | [vrémʲa vīleta] |
| aankomstuur (het) | время (с) прилёта | [vrémʲa prilǿta] |

| vertraagd zijn (ww) | задерживаться (нсв, возв) | [zadérʒivatsa] |
| vluchtvertraging (de) | задержка (ж) вылета | [zadérʃka vīleta] |

informatiebord (het)	информационное табло (с)	[infɔrmatsiónnɔe tabló]
informatie (de)	информация (ж)	[infɔrmátsija]
aankondigen (ww)	объявлять (нсв, пх)	[ɔbjivlʲátʲ]
vlucht (bijv. KLM ~)	рейс (м)	[réjs]

douane (de)	таможня (ж)	[tamóʒnʲa]
douanier (de)	таможенник (м)	[tamóʒenik]

douaneaangifte (de)	декларация (ж)	[deklarátsija]
invullen (douaneaangifte ~)	заполнить (св, пх)	[zapólnitʲ]
een douaneaangifte invullen	заполнить декларацию	[zapólnitʲ deklarátsiju]
paspoortcontrole (de)	паспортный контроль (м)	[pásportnij kontrólʲ]

bagage (de)	багаж (м)	[bagáʃ]
handbagage (de)	ручная кладь (ж)	[rutʃnája klátʲ]
bagagekarretje (het)	тележка (ж) для багажа	[teléʃka dlʲa bagaʒá]

landing (de)	посадка (ж)	[posátka]
landingsbaan (de)	посадочная полоса (ж)	[posádotʃnaja polɔsá]
landen (ww)	садиться (нсв, возв)	[sadítsa]
vliegtuigtrap (de)	трап (м)	[tráp]

inchecken (het)	регистрация (ж)	[registrátsija]
incheckbalie (de)	стойка (ж) регистрации	[stójka registrátsii]
inchecken (ww)	зарегистрироваться (св, возв)	[zaregistrírovatsa]

instapkaart (de)	посадочный талон (м)	[posádotʃnij talón]
gate (de)	выход (м)	[vīhɔd]

transit (de)	транзит (м)	[tranzít]
wachten (ww)	ждать (нсв, пх)	[ʒdátʲ]
wachtzaal (de)	зал (м) ожидания	[zál oʒidánija]
begeleiden (uitwuiven)	провожать (нсв, пх)	[provoʒátʲ]
afscheid nemen (ww)	прощаться (нсв, возв)	[proʃátsa]

Gebeurtenissen in het leven

109. Vakanties. Evenement

feest (het)	праздник (м)	[práznik]
nationale feestdag (de)	национальный праздник (м)	[natsionálʲnij práznik]
feestdag (de)	праздничный день (м)	[práznitʃnij dénʲ]
herdenken (ww)	праздновать (нсв, пх)	[práznɔvatʲ]
gebeurtenis (de)	событие (с)	[sɔbĩtie]
evenement (het)	мероприятие (с)	[merɔprijátie]
banket (het)	банкет (м)	[bankét]
receptie (de)	приём (м)	[prijóm]
feestmaal (het)	пир (м)	[pír]
verjaardag (de)	годовщина (ж)	[gɔdɔfʲína]
jubileum (het)	юбилей (м)	[jubiléj]
vieren (ww)	отметить (св, пх)	[ɔtmétitʲ]
Nieuwjaar (het)	Новый год (м)	[nóvij gód]
Gelukkig Nieuwjaar!	С Новым Годом!	[s nóvim gódɔm]
Kerstfeest (het)	Рождество (с)	[rɔʒdestvó]
Vrolijk kerstfeest!	Весёлого Рождества!	[vesǿlovɔ rɔʒdestvá]
kerstboom (de)	Новогодняя ёлка (ж)	[nɔvɔgódnʲaja jólka]
vuurwerk (het)	салют (м)	[salʲút]
bruiloft (de)	свадьба (ж)	[svátʲba]
bruidegom (de)	жених (м)	[ʒeníh]
bruid (de)	невеста (ж)	[nevésta]
uitnodigen (ww)	приглашать (нсв, пх)	[priglaʃátʲ]
uitnodigingskaart (de)	приглашение (с)	[priglaʃǽnie]
gast (de)	гость (м)	[góstʲ]
op bezoek gaan	идти в гости	[itʲtí v gósti]
gasten verwelkomen	встречать гостей	[fstretʃátʲ gɔstéj]
geschenk, cadeau (het)	подарок (м)	[pɔdárɔk]
geven (iets cadeau ~)	дарить (нсв, пх)	[darítʲ]
geschenken ontvangen	получать подарки	[polutʃátʲ pɔdárki]
boeket (het)	букет (м)	[bukét]
felicitaties (mv.)	поздравление (с)	[pɔzdravlénie]
feliciteren (ww)	поздравлять (нсв, пх)	[pɔzdravlʲátʲ]
wenskaart (de)	поздравительная открытка (ж)	[pɔzdravítelʲnaja ɔtkrĩtka]
een kaartje versturen	отправить открытку	[ɔtprávitʲ ɔtkrĩtku]

een kaartje ontvangen	получить открытку	[pɔluʧít ɔtkrĩtku]
toast (de)	тост (м)	[tóst]
aanbieden (een drankje ~)	угощать (нсв, пх)	[ugɔʃát]
champagne (de)	шампанское (с)	[ʃampánskɔe]

plezier hebben (ww)	веселиться (нсв, возв)	[veselíʦa]
plezier (het)	веселье (с)	[vesélje]
vreugde (de)	радость (ж)	[rádɔst]

| dans (de) | танец (м) | [tánеʦ] |
| dansen (ww) | танцевать (нсв, н/пх) | [tanʦɛvát] |

| wals (de) | вальс (м) | [vál's] |
| tango (de) | танго (с) | [tángɔ] |

110. Begrafenissen. Begrafenis

kerkhof (het)	кладбище (с)	[kládbiʃe]
graf (het)	могила (ж)	[mɔgíla]
kruis (het)	крест (м)	[krést]
grafsteen (de)	надгробие (с)	[nadgróbie]
omheining (de)	ограда (ж)	[ɔgráda]
kapel (de)	часовня (ж)	[ʧasóvn'a]

dood (de)	смерть (ж)	[smért]
sterven (ww)	умереть (св, нпх)	[umerét]
overledene (de)	покойник (м)	[pɔkójnik]
rouw (de)	траур (м)	[tráur]

begraven (ww)	хоронить (нсв, пх)	[hɔrɔnít]
begrafenisonderneming (de)	похоронное бюро (с)	[pɔhɔrónnɔe b'uró]
begrafenis (de)	похороны (мн)	[póhɔrɔni]

krans (de)	венок (м)	[venók]
doodskist (de)	гроб (м)	[gób]
lijkwagen (de)	катафалк (м)	[katafálk]
lijkkleed (het)	саван (м)	[sávan]

begrafenisstoet (de)	траурная процессия (ж)	[tráurnaja prɔʦǽsija]
urn (de)	урна (ж)	[úrna]
crematorium (het)	крематорий (м)	[krematórij]

overlijdensbericht (het)	некролог (м)	[nekrɔlóg]
huilen (wenen)	плакать (нсв, нпх)	[plákat]
snikken (huilen)	рыдать (нсв, нпх)	[ridát]

111. Oorlog. Soldaten

peloton (het)	взвод (м)	[vzvód]
compagnie (de)	рота (ж)	[róta]
regiment (het)	полк (м)	[pólk]
leger (armee)	армия (ж)	[ármija]

divisie (de)	дивизия (ж)	[divízija]
sectie (de)	отряд (м)	[otrʲád]
troep (de)	войско (с)	[vójskɔ]

| soldaat (militair) | солдат (м) | [sɔldát] |
| officier (de) | офицер (м) | [ɔfitsǽr] |

soldaat (rang)	рядовой (м)	[rɪdɔvój]
sergeant (de)	сержант (м)	[serʒánt]
luitenant (de)	лейтенант (м)	[lejtenánt]
kapitein (de)	капитан (м)	[kapitán]
majoor (de)	майор (м)	[majór]
kolonel (de)	полковник (м)	[pɔlkóvnik]
generaal (de)	генерал (м)	[generál]

matroos (de)	моряк (м)	[mɔrʲák]
kapitein (de)	капитан (м)	[kapitán]
bootsman (de)	боцман (м)	[bótsman]

artillerist (de)	артиллерист (м)	[artileríst]
valschermjager (de)	десантник (м)	[desántnik]
piloot (de)	лётчик (м)	[lʲóttʃik]
stuurman (de)	штурман (м)	[ʃtúrman]
mecanicien (de)	механик (м)	[mehánik]

sappeur (de)	сапёр (м)	[sapǿr]
parachutist (de)	парашютист (м)	[paraʃutíst]
verkenner (de)	разведчик (м)	[razvéttʃik]
scherpschutter (de)	снайпер (м)	[snájper]
patrouille (de)	патруль (м)	[patrúlʲ]
patrouilleren (ww)	патрулировать (нсв, н/пх)	[patrulírovatʲ]
wacht (de)	часовой (м)	[tʃasɔvój]

krijger (de)	воин (м)	[vóin]
patriot (de)	патриот (м)	[patriót]
held (de)	герой (м)	[gerój]
heldin (de)	героиня (ж)	[gerɔínʲa]

verrader (de)	предатель (м)	[predátelʲ]
deserteur (de)	дезертир (м)	[dezertír]
deserteren (ww)	дезертировать (нсв, нпх)	[dezertírovatʲ]

huurling (de)	наёмник (м)	[najómnik]
rekruut (de)	новобранец (м)	[nɔvɔbránets]
vrijwilliger (de)	доброволец (м)	[dɔbrɔvólets]

gedode (de)	убитый (м)	[ubítij]
gewonde (de)	раненый (м)	[ránenij]
krijgsgevangene (de)	пленный (м)	[plénnij]

112. Oorlog. Militaire acties. Deel 1

| oorlog (de) | война (ж) | [vɔjná] |
| oorlog voeren (ww) | воевать (нсв, нпх) | [vɔevátʲ] |

burgeroorlog (de)	гражданская война (ж)	[graʒdánskaja vɔjná]
achterbaks (bw)	вероломно	[verɔlómnɔ]
oorlogsverklaring (de)	объявление войны	[ɔbjɪvlénie vɔjnī]
verklaren (de oorlog ~)	объявить (св, пх)	[ɔbjɪvítʲ]
agressie (de)	агрессия (ж)	[agrǽsija]
aanvallen (binnenvallen)	нападать (нсв, нпх)	[napadátʲ]
binnenvallen (ww)	захватывать (нсв, пх)	[zahvátivatʲ]
invaller (de)	захватчик (м)	[zahváttʃik]
veroveraar (de)	завоеватель (м)	[zavɔevátelʲ]
verdediging (de)	оборона (ж)	[ɔbɔróna]
verdedigen (je land ~)	оборонять (нсв, пх)	[ɔbɔrɔnʲátʲ]
zich verdedigen (ww)	обороняться (нсв, возв)	[ɔbɔrɔnʲátsa]
vijand (de)	враг (м)	[vrág]
tegenstander (de)	противник (м)	[prɔtívnik]
vijandelijk (bn)	вражеский	[vráʒeskij]
strategie (de)	стратегия (ж)	[stratǽgija]
tactiek (de)	тактика (ж)	[táktika]
order (de)	приказ (м)	[prikás]
bevel (het)	команда (ж)	[kɔmánda]
bevelen (ww)	приказывать (нсв, пх)	[prikázivatʲ]
opdracht (de)	задание (с)	[zadánie]
geheim (bn)	секретный	[sekrétnij]
veldslag (de)	сражение (с)	[sraʒǽnie]
strijd (de)	бой (м)	[bój]
aanval (de)	атака (ж)	[atáka]
bestorming (de)	штурм (м)	[ʃtúrm]
bestormen (ww)	штурмовать (нсв, пх)	[ʃturmɔvátʲ]
bezetting (de)	осада (ж)	[ɔsáda]
aanval (de)	наступление (с)	[nastuplénie]
in het offensief te gaan	наступать (нсв, нпх)	[nastupátʲ]
terugtrekking (de)	отступление (с)	[ɔtstuplénie]
zich terugtrekken (ww)	отступать (нсв, нпх)	[ɔtstupátʲ]
omsingeling (de)	окружение (с)	[ɔkruʒǽnie]
omsingelen (ww)	окружать (нсв, пх)	[ɔkruʒátʲ]
bombardement (het)	бомбёжка (ж)	[bɔmbɵʒka]
een bom gooien	сбросить бомбу	[zbrósitʲ bómbu]
bombarderen (ww)	бомбить (нсв, пх)	[bɔmbítʲ]
ontploffing (de)	взрыв (м)	[vzrīf]
schot (het)	выстрел (м)	[vīstrel]
een schot lossen	выстрелить (св, нпх)	[vīstrelitʲ]
schieten (het)	стрельба (ж)	[strelʲbá]
mikken op (ww)	целиться (нсв, возв)	[tsǽlitsa]
aanleggen (een wapen ~)	навести (св, пх)	[navestí]

treffen (doelwit ~)	попасть (св, нпх)	[pɔpástʲ]
zinken (tot zinken brengen)	потопить (св, пх)	[pɔtɔpítʲ]
kogelgat (het)	пробоина (ж)	[prɔbóina]
zinken (gezonken zijn)	идти ко дну (нсв)	[itʲtí kɔ dnú]

front (het)	фронт (м)	[frónt]
evacuatie (de)	эвакуация (ж)	[ɛvakuátsija]
evacueren (ww)	эвакуировать (н/св, пх)	[ɛvakuírɔvatʲ]

loopgraaf (de)	окоп (м)	[ɔkóp]
prikkeldraad (de)	колючая проволока (ж)	[kɔlʲútʃaja próvɔlka]
verdedigingsobstakel (het)	заграждение (с)	[zagraʒdénie]
wachttoren (de)	вышка (ж)	[vɨ́ʃka]

hospitaal (het)	госпиталь (м)	[góspitalʲ]
verwonden (ww)	ранить (н/св, пх)	[ránitʲ]
wond (de)	рана (ж)	[rána]
gewonde (de)	раненый (м)	[ránenij]
gewond raken (ww)	получить ранение	[pɔlutʃítʲ ranénie]
ernstig (~e wond)	тяжёлый	[tɪʒólij]

113. Oorlog. Militaire acties. Deel 2

krijgsgevangenschap (de)	плен (м)	[plén]
krijgsgevangen nemen	взять в плен	[vzʲátʲ f plén]
krijgsgevangene zijn	быть в плену	[bɨ́tʲ f plenú]
krijgsgevangen genomen worden	попасть в плен	[pɔpástʲ f plén]

concentratiekamp (het)	концлагерь (м)	[kɔntsláger̡]
krijgsgevangene (de)	пленный (м)	[plénnij]
vluchten (ww)	бежать (св, нпх)	[beʒátʲ]

verraden (ww)	предать (св, пх)	[predátʲ]
verrader (de)	предатель (м)	[predátelʲ]
verraad (het)	предательство (с)	[predátelʲstvɔ]

fusilleren (executeren)	расстрелять (св, пх)	[rastrelʲátʲ]
executie (de)	расстрел (м)	[rastrél]

uitrusting (de)	обмундирование (с)	[ɔbmundirɔvánie]
schouderstuk (het)	погон (м)	[pɔgón]
gasmasker (het)	противогаз (м)	[prɔtivɔgás]

portofoon (de)	рация (ж)	[rátsija]
geheime code (de)	шифр (м)	[ʃífr]
samenzwering (de)	конспирация (ж)	[kɔnspirátsija]
wachtwoord (het)	пароль (м)	[paról̡]

mijn (landmijn)	мина (ж)	[mína]
ondermijnen (legden mijnen)	заминировать (св, пх)	[zaminírɔvatʲ]
mijnenveld (het)	минное поле (с)	[mínnɔe póle]
luchtalarm (het)	воздушная тревога (ж)	[vɔzdúʃnaja trevóga]
alarm (het)	тревога (ж)	[trevóga]

signaal (het)	сигнал (м)	[signál]
vuurpijl (de)	сигнальная ракета (ж)	[signálʲnaja rakéta]

staf (generale ~)	штаб (м)	[ʃtáb]
verkenning (de)	разведка (ж)	[razvétka]
toestand (de)	обстановка (ж)	[ɔpstanófka]
rapport (het)	рапорт (м)	[rápɔrt]
hinderlaag (de)	засада (ж)	[zasáda]
versterking (de)	подкрепление (с)	[pɔtkreplénie]

doel (bewegend ~)	мишень (ж)	[miʃǽnʲ]
proefterrein (het)	полигон (м)	[pɔligón]
manoeuvres (mv.)	манёвры (м мн)	[manǿvri]

paniek (de)	паника (ж)	[pánika]
verwoesting (de)	разруха (ж)	[razrúha]
verwoestingen (mv.)	разрушения (ж)	[razruʃǽnija]
verwoesten (ww)	разрушать (нсв, пх)	[razruʃátʲ]

overleven (ww)	выжить (св, нпх)	[vɨʒitʲ]
ontwapenen (ww)	обезоружить (св, пх)	[ɔbezɔrúʒitʲ]
behandelen (een pistool ~)	обращаться (нсв, возв)	[ɔbraʃátsa]

Geeft acht!	Смирно!	[smírnɔ]
Op de plaats rust!	Вольно!	[vólʲnɔ]

heldendaad (de)	подвиг (м)	[pódvig]
eed (de)	клятва (ж)	[klʲátva]
zweren (een eed doen)	клясться (нсв, возв)	[klʲástsa]

decoratie (de)	награда (ж)	[nagráda]
onderscheiden (een ereteken geven)	награждать (нсв, пх)	[nagraʒdátʲ]
medaille (de)	медаль (ж)	[medálʲ]
orde (de)	орден (м)	[órden]

overwinning (de)	победа (ж)	[pɔbéda]
verlies (het)	поражение (с)	[pɔraʒǽnie]
wapenstilstand (de)	перемирие (с)	[peremírie]

wimpel (vaandel)	знамя (ж)	[známʲa]
roem (de)	слава (ж)	[sláva]
parade (de)	парад (м)	[parád]
marcheren (ww)	маршировать (нсв, нпх)	[marʃirɔvátʲ]

114. Wapens

wapens (mv.)	оружие (с)	[ɔrúʒie]
vuurwapens (mv.)	огнестрельное оружие (с)	[ɔgnestrélʲnɔe ɔrúʒie]
koude wapens (mv.)	холодное оружие (с)	[hɔlódnɔe ɔrúʒie]

chemische wapens (mv.)	химическое оружие (с)	[himítʃeskɔe ɔrúʒie]
kern-, nucleair (bn)	ядерный	[jádernij]
kernwapens (mv.)	ядерное оружие (с)	[jádernɔe ɔrúʒie]

bom (de)	бомба (ж)	[bómba]
atoombom (de)	атомная бомба (ж)	[átɔmnaja bómba]
pistool (het)	пистолет (м)	[pistɔlét]
geweer (het)	ружьё (с)	[ruʒjǿ]
machinepistool (het)	автомат (м)	[aftɔmát]
machinegeweer (het)	пулемёт (м)	[pulemǿt]
loop (schietbuis)	дуло (с)	[dúlɔ]
loop (bijv. geweer met kortere ~)	ствол (м)	[stvól]
kaliber (het)	калибр (м)	[kalíbr]
trekker (de)	курок (м)	[kurók]
korrel (de)	прицел (м)	[pritsǽl]
magazijn (het)	магазин (м)	[magazín]
geweerkolf (de)	приклад (м)	[priklád]
granaat (handgranaat)	граната (ж)	[granáta]
explosieven (mv.)	взрывчатка (ж)	[vzrifʧátka]
kogel (de)	пуля (ж)	[púlʲa]
patroon (de)	патрон (м)	[patrón]
lading (de)	заряд (м)	[zarʲád]
ammunitie (de)	боеприпасы (мн)	[bɔepripásɨ]
bommenwerper (de)	бомбардировщик (м)	[bɔmbardirófʲʃik]
straaljager (de)	истребитель (м)	[istrebítelʲ]
helikopter (de)	вертолёт (м)	[vertɔlǿt]
afweergeschut (het)	зенитка (ж)	[zenítka]
tank (de)	танк (м)	[tánk]
kanon (tank met een ~ van 76 mm)	пушка (ж)	[púʃka]
artillerie (de)	артиллерия (ж)	[artilérija]
aanleggen (een wapen ~)	навести на ... (св)	[navestí na ...]
projectiel (het)	снаряд (м)	[snarʲád]
mortiergranaat (de)	мина (ж)	[mína]
mortier (de)	миномёт (м)	[minɔmǿt]
granaatscherf (de)	осколок (м)	[ɔskólɔk]
duikboot (de)	подводная лодка (ж)	[pɔdvódnaja lótka]
torpedo (de)	торпеда (ж)	[tɔrpéda]
raket (de)	ракета (ж)	[rakéta]
laden (geweer, kanon)	заряжать (нсв, пх)	[zarɪʒátʲ]
schieten (ww)	стрелять (нсв, нпх)	[strelʲátʲ]
richten op (mikken)	целиться (нсв, возв)	[tsǽlitsa]
bajonet (de)	штык (м)	[ʃtɨk]
degen (de)	шпага (ж)	[ʃpága]
sabel (de)	сабля (ж)	[sáblʲa]
speer (de)	копьё (с)	[kɔpjǿ]
boog (de)	лук (м)	[lúk]

pijl (de)	стрела (ж)	[strelá]
musket (de)	мушкет (м)	[muʃkét]
kruisboog (de)	арбалет (м)	[arbalét]

115. Oude mensen

primitief (bn)	первобытный	[pervɔbïtnij]
voorhistorisch (bn)	доисторический	[dɔistɔrítʃeskij]
eeuwenoude (~ beschaving)	древний	[drévnij]

Steentijd (de)	Каменный Век (м)	[kámennij vek]
Bronstijd (de)	Бронзовый Век (м)	[brónzɔvij vek]
IJstijd (de)	ледниковый период (м)	[lednikóvij períud]

stam (de)	племя (с)	[plémʲa]
menseneter (de)	людоед (м)	[lʲudɔéd]
jager (de)	охотник (м)	[ɔhótnik]
jagen (ww)	охотиться (нсв, возв)	[ɔhótiʦa]
mammoet (de)	мамонт (м)	[mámɔnt]
grot (de)	пещера (ж)	[peʃʲéra]
vuur (het)	огонь (м)	[ɔgónʲ]
kampvuur (het)	костёр (м)	[kɔstǿr]
rotstekening (de)	наскальный рисунок (м)	[naskálʲnij risúnɔk]

werkinstrument (het)	орудие (с) труда	[ɔrúdie trudá]
speer (de)	копьё (с)	[kɔpjǿ]
stenen bijl (de)	каменный топор (м)	[kámennij tɔpór]
oorlog voeren (ww)	воевать (нсв, нпх)	[vɔevátʲ]
temmen (bijv. wolf ~)	приручать (нсв, пх)	[prirutʃátʲ]
idool (het)	идол (м)	[ídɔl]
aanbidden (ww)	поклоняться (нсв, возв)	[pɔklɔnʲáʦa]
bijgeloof (het)	суеверие (с)	[suevérie]

evolutie (de)	эволюция (ж)	[ɛvɔlʲúʦija]
ontwikkeling (de)	развитие (с)	[razvítie]
verdwijning (de)	исчезновение (с)	[isʃeznɔvénie]
zich aanpassen (ww)	приспосабливаться (нсв, возв)	[prispɔsáblivaʦa]

archeologie (de)	археология (ж)	[arheɔlógija]
archeoloog (de)	археолог (м)	[arheólɔg]
archeologisch (bn)	археологический	[arheɔlɔgítʃeskij]

opgravingsplaats (de)	раскопки (мн)	[raskópki]
opgravingen (mv.)	раскопки (мн)	[raskópki]
vondst (de)	находка (ж)	[nahótka]
fragment (het)	фрагмент (м)	[fragmént]

116. Middeleeuwen

volk (het)	народ (м)	[naród]
volkeren (mv.)	народы (м мн)	[naródi]

| stam (de) | племя (с) | [plémʲa] |
| stammen (mv.) | племена (с мн) | [plemená] |

barbaren (mv.)	варвары (м мн)	[várvari]
Galliërs (mv.)	галлы (м мн)	[gáli]
Goten (mv.)	готы (м мн)	[góti]
Slaven (mv.)	славяне (мн)	[slavʲáne]
Vikings (mv.)	викинги (м мн)	[víkingi]

| Romeinen (mv.) | римляне (мн) | [rímlɪne] |
| Romeins (bn) | римский | [rímskij] |

Byzantijnen (mv.)	византийцы (м мн)	[vizantíjtsi]
Byzantium (het)	Византия (ж)	[vizantíja]
Byzantijns (bn)	византийский	[vizantíjskij]

keizer (bijv. Romeinse ~)	император (м)	[imperátɔr]
opperhoofd (het)	вождь (м)	[vóʃtʲ]
machtig (bn)	могущественный	[mɔgúʃestvenij]
koning (de)	король (м)	[kɔrólʲ]
heerser (de)	правитель (м)	[pravítelʲ]

ridder (de)	рыцарь (м)	[rῖtsarʲ]
feodaal (de)	феодал (м)	[feɔdál]
feodaal (bn)	феодальный	[feɔdálʲnij]
vazal (de)	вассал (м)	[vasál]

hertog (de)	герцог (м)	[gértsɔg]
graaf (de)	граф (м)	[gráf]
baron (de)	барон (м)	[barón]
bisschop (de)	епископ (м)	[epískɔp]

harnas (het)	доспехи (мн)	[dɔspéhi]
schild (het)	щит (м)	[ʃít]
zwaard (het)	меч (м)	[métʃ]
vizier (het)	забрало (с)	[zabrálɔ]
maliënkolder (de)	кольчуга (ж)	[kɔlʲtʃúga]

| kruistocht (de) | крестовый поход (м) | [krestóvij pɔhód] |
| kruisvaarder (de) | крестоносец (м) | [krestɔnósets] |

gebied (bijv. bezette ~en)	территория (ж)	[teritórija]
aanvallen (binnenvallen)	нападать (нсв, нпх)	[napadátʲ]
veroveren (ww)	завоевать (св, пх)	[zavɔevátʲ]
innemen (binnenvallen)	захватить (св, пх)	[zahvatítʲ]

bezetting (de)	осада (ж)	[ɔsáda]
belegerd (bn)	осаждённый	[ɔsaʒdǿnnij]
belegeren (ww)	осаждать (нсв, пх)	[ɔsaʒdátʲ]

inquisitie (de)	инквизиция (ж)	[inkvizítsija]
inquisiteur (de)	инквизитор (м)	[inkvizítɔr]
foltering (de)	пытка (ж)	[pῖtka]
wreed (bn)	жестокий	[ʒestókij]
ketter (de)	еретик (м)	[eretík]
ketterij (de)	ересь (ж)	[éresʲ]

zeevaart (de)	мореплавание (c)	[mɔre·plávanie]
piraat (de)	пират (м)	[pirát]
piraterij (de)	пиратство (c)	[pirátstvɔ]
enteren (het)	абордаж (м)	[abɔrdáʃ]
buit (de)	добыча (ж)	[dɔbîʧa]
schatten (mv.)	сокровища (мн)	[sɔkróviʃ'a]

ontdekking (de)	открытие (c)	[ɔtkrîtie]
ontdekken (bijv. nieuw land)	открыть (св, пх)	[ɔtkrît']
expeditie (de)	экспедиция (ж)	[ɛkspedítsija]

musketier (de)	мушкетёр (м)	[muʃketɵr]
kardinaal (de)	кардинал (м)	[kardinál]
heraldiek (de)	геральдика (ж)	[gerál'dika]
heraldisch (bn)	геральдический	[geral'dítʃeskij]

117. Leider. Baas. Autoriteiten

koning (de)	король (м)	[kɔról']
koningin (de)	королева (ж)	[kɔrɔléva]
koninklijk (bn)	королевский	[kɔrɔléfskij]
koninkrijk (het)	королевство (c)	[kɔrɔléfstvɔ]

| prins (de) | принц (м) | [prínts] |
| prinses (de) | принцесса (ж) | [printsǽsa] |

president (de)	президент (м)	[prezidént]
vicepresident (de)	вице-президент (м)	[vítsɛ-prezidént]
senator (de)	сенатор (м)	[senátɔr]

monarch (de)	монарх (м)	[mɔnárh]
heerser (de)	правитель (м)	[pravítel']
dictator (de)	диктатор (м)	[diktátɔr]
tiran (de)	тиран (м)	[tirán]
magnaat (de)	магнат (м)	[magnát]

directeur (de)	директор (м)	[diréktɔr]
chef (de)	шеф (м)	[ʃǽf]
beheerder (de)	управляющий (м)	[upravl'ájuʃij]
baas (de)	босс (м)	[bós]
eigenaar (de)	хозяин (м)	[hɔz'áin]

hoofd (bijv. ~ van de delegatie)	глава (ж)	[glavá]
autoriteiten (mv.)	власти (мн)	[vlásti]
superieuren (mv.)	начальство (c)	[natʃál'stvɔ]

gouverneur (de)	губернатор (м)	[gubernátɔr]
consul (de)	консул (м)	[kónsul]
diplomaat (de)	дипломат (м)	[diplɔmát]
burgemeester (de)	мэр (м)	[mǽr]
sheriff (de)	шериф (м)	[ʃɛríf]
keizer (bijv. Romeinse ~)	император (м)	[imperátɔr]
tsaar (de)	царь (м)	[tsár']

| farao (de) | фараон (м) | [faraón] |
| kan (de) | хан (м) | [hán] |

118. De wet overtreden. Criminelen. Deel 1

bandiet (de)	бандит (м)	[bandít]
misdaad (de)	преступление (с)	[prestuplénie]
misdadiger (de)	преступник (м)	[prestúpnik]

dief (de)	вор (м)	[vór]
stelen (de)	воровство (с)	[vɔrɔfstvó]
diefstal (de)	кража (ж)	[kráʒa]

kidnappen (ww)	похитить (св, пх)	[pɔhítitʲ]
kidnapping (de)	похищение (с)	[pɔhiʃénie]
kidnapper (de)	похититель (м)	[pɔhitítelʲ]

| losgeld (het) | выкуп (м) | [vīkup] |
| eisen losgeld (ww) | требовать выкуп | [trébɔvatʲ vīkup] |

| overvallen (ww) | грабить (нсв, пх) | [grábitʲ] |
| overvaller (de) | грабитель (м) | [grabítelʲ] |

afpersen (ww)	вымогать (нсв, пх)	[vimɔgátʲ]
afperser (de)	вымогатель (м)	[vimɔgátelʲ]
afpersing (de)	вымогательство (с)	[vimɔgátelʲstvɔ]

vermoorden (ww)	убить (св, пх)	[ubítʲ]
moord (de)	убийство (с)	[ubíjstvɔ]
moordenaar (de)	убийца (ж)	[ubíjtsa]

schot (het)	выстрел (м)	[vīstrel]
een schot lossen	выстрелить (св, нпх)	[vīstrelitʲ]
neerschieten (ww)	застрелить (св, пх)	[zastrelítʲ]
schieten (ww)	стрелять (нсв, нпх)	[strelʲátʲ]
schieten (het)	стрельба (ж)	[strelʲbá]

ongeluk (gevecht, enz.)	происшествие (с)	[prɔiʃǽstvie]
gevecht (het)	драка (ж)	[dráka]
slachtoffer (het)	жертва (ж)	[ʒǽrtva]

beschadigen (ww)	повредить (св, пх)	[pɔvredítʲ]
schade (de)	ущерб (м)	[uʃérb]
lijk (het)	труп (м)	[trúp]
zwaar (~ misdrijf)	тяжкий	[tʲáʃkij]

aanvallen (ww)	напасть (св, нпх)	[napástʲ]
slaan (iemand ~)	бить (нсв, пх)	[bítʲ]
in elkaar slaan (toetakelen)	избить (св, пх)	[izbítʲ]
ontnemen (beroven)	отнять (св, пх)	[ɔtnʲátʲ]
steken (met een mes)	зарезать (св, пх)	[zarézatʲ]
verminken (ww)	изувечить (св, пх)	[izuvétʃitʲ]
verwonden (ww)	ранить (н/св, пх)	[ránitʲ]
chantage (de)	шантаж (м)	[ʃantáʃ]

chanteren (ww)	шантажировать (нсв, пх)	[ʃantaʒírovatʲ]
chanteur (de)	шантажист (м)	[ʃantaʒíst]
afpersing (de)	рэкет (м)	[rǽket]
afperser (de)	рэкетир (м)	[rɛketír]
gangster (de)	гангстер (м)	[gángstɛr]
maffia (de)	мафия (ж)	[máfija]
kruimeldief (de)	карманник (м)	[karmánnik]
inbreker (de)	взломщик (м)	[vzlómʃik]
smokkelen (het)	контрабанда (ж)	[kɔntrabánda]
smokkelaar (de)	контрабандист (м)	[kɔntrabandíst]
namaak (de)	подделка (ж)	[pɔddélka]
namaken (ww)	подделывать (нсв, пх)	[pɔddélivatʲ]
namaak-, vals (bn)	фальшивый	[falʲʃívij]

119. De wet overtreden. Criminelen. Deel 2

verkrachting (de)	изнасилование (с)	[iznasílɔvanie]
verkrachten (ww)	изнасиловать (св, пх)	[iznasílovatʲ]
verkrachter (de)	насильник (м)	[nasílʲnik]
maniak (de)	маньяк (м)	[manják]
prostituee (de)	проститутка (ж)	[prɔstitútka]
prostitutie (de)	проституция (ж)	[prɔstitútsija]
pooier (de)	сутенёр (м)	[sutenǿr]
drugsverslaafde (de)	наркоман (м)	[narkɔmán]
drugshandelaar (de)	торговец (м) наркотиками	[tɔrgóvets narkótikami]
opblazen (ww)	взорвать (св, пх)	[vzɔrvátʲ]
explosie (de)	взрыв (м)	[vzrîf]
in brand steken (ww)	поджечь (св, пх)	[pɔdʒǽtʃʲ]
brandstichter (de)	поджигатель (м)	[pɔdʒigátelʲ]
terrorisme (het)	терроризм (м)	[terɔrízm]
terrorist (de)	террорист (м)	[terɔríst]
gijzelaar (de)	заложник (м)	[zalóʒnik]
bedriegen (ww)	обмануть (св, пх)	[ɔbmanútʲ]
bedrog (het)	обман (м)	[ɔbmán]
oplichter (de)	мошенник (м)	[mɔʃǽnnik]
omkopen (ww)	подкупить (св, пх)	[pɔtkupítʲ]
omkoperij (de)	подкуп (м)	[pótkup]
smeergeld (het)	взятка (ж)	[vzʲátka]
vergif (het)	яд (м)	[jád]
vergiftigen (ww)	отравить (св, пх)	[ɔtravítʲ]
vergif innemen (ww)	отравиться (св, возв)	[ɔtravítsa]
zelfmoord (de)	самоубийство (с)	[samɔubíjstvɔ]
zelfmoordenaar (de)	самоубийца (м, ж)	[samɔubíjtsa]

bedreigen (bijv. met een pistool)	угрожать (нсв, пх)	[ugrɔzátʲ]
bedreiging (de)	угроза (ж)	[ugróza]
een aanslag plegen	покушаться (нсв, возв)	[pɔkuʃátsa]
aanslag (de)	покушение (с)	[pɔkuʃǽnie]

stelen (een auto)	угнать (св, пх)	[ugnátʲ]
kapen (een vliegtuig)	угнать (св, пх)	[ugnátʲ]

wraak (de)	месть (ж)	[méstʲ]
wreken (ww)	мстить (нсв, пх)	[mstítʲ]

martelen (gevangenen)	пытать (нсв, пх)	[pitátʲ]
foltering (de)	пытка (ж)	[pĩtka]
folteren (ww)	мучить (нсв, пх)	[mútʃitʲ]

piraat (de)	пират (м)	[pirát]
straatschender (de)	хулиган (м)	[huligán]
gewapend (bn)	вооружённый	[vɔɔruʒónnij]
geweld (het)	насилие (с)	[nasílie]
onwettig (strafbaar)	нелегальный	[nelegálʲnij]

spionage (de)	шпионаж (м)	[ʃpiɔnáʃ]
spioneren (ww)	шпионить (нсв, нпх)	[ʃpiónitʲ]

120. Politie. Wet. Deel 1

justitie (de)	правосудие (с)	[pravɔsúdie]
gerechtshof (het)	суд (м)	[súd]

rechter (de)	судья (ж)	[sudjá]
jury (de)	присяжные (мн)	[prisʲáʒnie]
juryrechtspraak (de)	суд (м) присяжных	[sút prisʲáʒnih]
berechten (ww)	судить (нсв, пх)	[sudítʲ]

advocaat (de)	адвокат (м)	[advɔkát]
beklaagde (de)	подсудимый (м)	[pɔtsudímij]
beklaagdenbank (de)	скамья (ж) подсудимых	[skamjá pɔtsudímih]

beschuldiging (de)	обвинение (с)	[ɔbvinénie]
beschuldigde (de)	обвиняемый (м)	[ɔbvinʲáemij]

vonnis (het)	приговор (м)	[prigɔvór]
veroordelen (in een rechtszaak)	приговорить (св, пх)	[prigɔvorítʲ]

schuldige (de)	виновник (м)	[vinóvnik]
straffen (ww)	наказать (св, пх)	[nakazátʲ]
bestraffing (de)	наказание (с)	[nakazánie]

boete (de)	штраф (м)	[ʃtráf]
levenslange opsluiting (de)	пожизненное заключение (с)	[pɔʒĩznenɔe zaklʲutʃénie]
doodstraf (de)	смертная казнь (ж)	[smértnaja káznʲ]

elektrische stoel (de)	электрический стул (м)	[ɛlektrítʃeskij stúl]
schavot (het)	виселица (ж)	[víselitsa]
executeren (ww)	казнить (н/св, пх)	[kaznítʲ]
executie (de)	казнь (ж)	[káznʲ]
gevangenis (de)	тюрьма (ж)	[tʲurʲmá]
cel (de)	камера (ж)	[kámera]
konvooi (het)	конвой (м)	[kɔnvój]
gevangenisbewaker (de)	надзиратель (м)	[nadzirátelʲ]
gedetineerde (de)	заключённый (м)	[zaklʲutʃónnij]
handboeien (mv.)	наручники (мн)	[narútʃniki]
handboeien omdoen	надеть наручники	[nadétʲ narútʃniki]
ontsnapping (de)	побег (м)	[pɔbég]
ontsnappen (ww)	убежать (св, нпх)	[ubeʒátʲ]
verdwijnen (ww)	исчезнуть (св, нпх)	[isʃéznutʲ]
vrijlaten (uit de gevangenis)	освободить (св, пх)	[ɔsvɔbɔdítʲ]
amnestie (de)	амнистия (ж)	[amnístija]
politie (de)	полиция (ж)	[pɔlítsija]
politieagent (de)	полицейский (м)	[pɔlitsǽjskij]
politiebureau (het)	полицейский участок (м)	[pɔlitsǽjskij utʃástɔk]
knuppel (de)	резиновая дубинка (ж)	[rezínɔvaja dubínka]
megafoon (de)	рупор (м)	[rúpɔr]
patrouilleerwagen (de)	патрульная машина (ж)	[patrúlʲnaja maʃīna]
sirene (de)	сирена (ж)	[siréna]
de sirene aansteken	включить сирену	[fklʲutʃítʲ sirénu]
geloei (het) van de sirene	вой (м) сирены	[vój sirénʲi]
plaats delict (de)	место (с) преступления	[méstɔ prestuplénija]
getuige (de)	свидетель (м)	[svidételʲ]
vrijheid (de)	свобода (ж)	[svɔbóda]
handlanger (de)	сообщник (м)	[sɔópʃnik]
ontvluchten (ww)	скрыться (св, возв)	[skrī̄tsa]
spoor (het)	след (м)	[sléd]

121. Politie. Wet. Deel 2

opsporing (de)	розыск (м)	[rózisk]
opsporen (ww)	разыскивать ... (нсв, пх)	[razīskivatʲ ...]
verdenking (de)	подозрение (с)	[pɔdɔzrénie]
verdacht (bn)	подозрительный	[pɔdɔzrítelʲnij]
aanhouden (stoppen)	остановить (св, пх)	[ɔstanɔvítʲ]
tegenhouden (ww)	задержать (св, пх)	[zaderʒátʲ]
strafzaak (de)	дело (с)	[délɔ]
onderzoek (het)	следствие (с)	[slétstvie]
detective (de)	детектив, сыщик (м)	[dɛtɛktíf], [sī̄ʃik]
onderzoeksrechter (de)	следователь (м)	[slédɔvatelʲ]
versie (de)	версия (ж)	[vérsija]

motief (het)	мотив (м)	[mɔtíf]
verhoor (het)	допрос (м)	[dɔprós]
ondervragen (door de politie)	допрашивать (нсв, пх)	[dɔprájivatʲ]
ondervragen (omstanders ~)	опрашивать (нсв, пх)	[ɔprájivatʲ]
controle (de)	проверка (ж)	[prɔvérka]

razzia (de)	облава (ж)	[ɔbláva]
huiszoeking (de)	обыск (м)	[óbisk]
achtervolging (de)	погоня (ж)	[pɔgónʲa]
achtervolgen (ww)	преследовать (нсв, пх)	[preslédɔvatʲ]
opsporen (ww)	следить (нсв, нпх)	[sledítʲ]

arrest (het)	арест (м)	[arést]
arresteren (ww)	арестовать (св, пх)	[arestɔvátʲ]
vangen, aanhouden (een dief, enz.)	поймать (св, пх)	[pɔjmátʲ]
aanhouding (de)	поимка (ж)	[pɔímka]

document (het)	документ (м)	[dɔkumént]
bewijs (het)	доказательство (с)	[dɔkazátelʲstvɔ]
bewijzen (ww)	доказывать (нсв, пх)	[dɔkázivatʲ]
voetspoor (het)	след (м)	[sléd]
vingerafdrukken (mv.)	отпечатки (м мн) пальцев	[ɔtpetʃátki pálʲtsɛf]
bewijs (het)	улика (ж)	[ulíka]

alibi (het)	алиби (с)	[álibi]
onschuldig (bn)	невиновный	[nevinóvnij]
onrecht (het)	несправедливость (ж)	[nespravedlívɔstʲ]
onrechtvaardig (bn)	несправедливый	[nespravedlívij]

crimineel (bn)	криминальный	[kriminálʲnij]
confisqueren (in beslag nemen)	конфисковать (св, пх)	[kɔnfiskɔvátʲ]
drug (de)	наркотик (м)	[narkótik]
wapen (het)	оружие (с)	[ɔrúʒie]
ontwapenen (ww)	обезоружить (св, пх)	[ɔbezɔrúʒitʲ]
bevelen (ww)	приказывать (нсв, пх)	[prikázivatʲ]
verdwijnen (ww)	исчезнуть (св, нпх)	[isʲéznutʲ]

wet (de)	закон (м)	[zakón]
wettelijk (bn)	законный	[zakónnij]
onwettelijk (bn)	незаконный	[nezakónnij]

verantwoordelijkheid (de)	ответственность (ж)	[ɔtvétstvenɔstʲ]
verantwoordelijk (bn)	ответственный	[ɔtvétstvenij]

NATUUR

De Aarde. Deel 1

122. De kosmische ruimte

kosmos (de)	космос (м)	[kósmɔs]
kosmisch (bn)	космический	[kɔsmítʃeskij]
kosmische ruimte (de)	космическое пространство	[kɔsmítʃeskɔe prɔstránstvɔ]
wereld (de)	мир (м)	[mír]
heelal (het)	вселенная (ж)	[fselénnaja]
sterrenstelsel (het)	галактика (ж)	[galáktika]
ster (de)	звезда (ж)	[zvezdá]
sterrenbeeld (het)	созвездие (с)	[sɔzvézdie]
planeet (de)	планета (ж)	[planéta]
satelliet (de)	спутник (м)	[spútnik]
meteoriet (de)	метеорит (м)	[meteɔrít]
komeet (de)	комета (ж)	[kɔméta]
asteroïde (de)	астероид (м)	[astɛróid]
baan (de)	орбита (ж)	[ɔrbíta]
draaien (om de zon, enz.)	вращаться (нсв, возв)	[vraʃátsa]
atmosfeer (de)	атмосфера (ж)	[atmɔsféra]
Zon (de)	Солнце (с)	[sóntse]
zonnestelsel (het)	Солнечная система (ж)	[sólnetʃnaja sistéma]
zonsverduistering (de)	солнечное затмение (с)	[sólnetʃnɔe zatménie]
Aarde (de)	Земля (ж)	[zemlʲá]
Maan (de)	Луна (ж)	[luná]
Mars (de)	Марс (м)	[márs]
Venus (de)	Венера (ж)	[venéra]
Jupiter (de)	Юпитер (м)	[jupíter]
Saturnus (de)	Сатурн (м)	[satúrn]
Mercurius (de)	Меркурий (м)	[merkúrij]
Uranus (de)	Уран (м)	[urán]
Neptunus (de)	Нептун (м)	[neptún]
Pluto (de)	Плутон (м)	[plutón]
Melkweg (de)	Млечный Путь (м)	[mlétʃnij pútʲ]
Grote Beer (de)	Большая Медведица (ж)	[bɔlʲʃája medvéditsa]
Poolster (de)	Полярная Звезда (ж)	[pɔlʲárnaja zvezdá]
marsmannetje (het)	марсианин (м)	[marsiánin]

buitenaards wezen (het)	инопланетянин (м)	[inɔplanetⁱánin]
bovenaards (het)	пришелец (м)	[priʃǽlets]
vliegende schotel (de)	летающая тарелка (ж)	[letájuʃⁱaja tarélka]

ruimtevaartuig (het)	космический корабль (м)	[kɔsmítʃeskij kɔráblʲ]
ruimtestation (het)	орбитальная станция (ж)	[ɔrbitálʲnaja stántsija]
start (de)	старт (м)	[stárt]

motor (de)	двигатель (м)	[dvígatelʲ]
straalpijp (de)	сопло (с)	[sɔpló]
brandstof (de)	топливо (с)	[tóplivɔ]

cabine (de)	кабина (ж)	[kabína]
antenne (de)	антенна (ж)	[antǽna]
patrijspoort (de)	иллюминатор (м)	[ilʲuminátɔr]
zonnebatterij (de)	солнечная батарея (ж)	[sólnetʃnaja bataréja]
ruimtepak (het)	скафандр (м)	[skafándr]

| gewichtloosheid (de) | невесомость (ж) | [nevesómɔstʲ] |
| zuurstof (de) | кислород (м) | [kislɔród] |

| koppeling (de) | стыковка (ж) | [stikófka] |
| koppeling maken | производить стыковку | [prɔizvɔdítʲ stikófku] |

observatorium (het)	обсерватория (ж)	[ɔpservatórija]
telescoop (de)	телескоп (м)	[teleskóp]
waarnemen (ww)	наблюдать (нсв, нпх)	[nablʲudátʲ]
exploreren (ww)	исследовать (н/св, пх)	[islédɔvatʲ]

123. De Aarde

Aarde (de)	Земля (ж)	[zemlⁱá]
aardbol (de)	земной шар (м)	[zemnój ʃár]
planeet (de)	планета (ж)	[planéta]

atmosfeer (de)	атмосфера (ж)	[atmɔsféra]
aardrijkskunde (de)	география (ж)	[geɔgráfija]
natuur (de)	природа (ж)	[priróda]

wereldbol (de)	глобус (м)	[glóbus]
kaart (de)	карта (ж)	[kárta]
atlas (de)	атлас (м)	[átlas]

Europa (het)	Европа (ж)	[evrópa]
Azië (het)	Азия (ж)	[ázija]
Afrika (het)	Африка (ж)	[áfrika]
Australië (het)	Австралия (ж)	[afstrálija]

Amerika (het)	Америка (ж)	[amérika]
Noord-Amerika (het)	Северная Америка (ж)	[sévernaja amérika]
Zuid-Amerika (het)	Южная Америка (ж)	[júznaja amérika]

| Antarctica (het) | Антарктида (ж) | [antarktída] |
| Arctis (de) | Арктика (ж) | [árktika] |

124. Windrichtingen

noorden (het)	север (м)	[séver]
naar het noorden	на север	[na séver]
in het noorden	на севере	[na sévere]
noordelijk (bn)	северный	[sévernij]
zuiden (het)	юг (м)	[júg]
naar het zuiden	на юг	[na júg]
in het zuiden	на юге	[na júge]
zuidelijk (bn)	южный	[júʒnij]
westen (het)	запад (м)	[západ]
naar het westen	на запад	[na západ]
in het westen	на западе	[na západe]
westelijk (bn)	западный	[západnij]
oosten (het)	восток (м)	[vɔstók]
naar het oosten	на восток	[na vɔstók]
in het oosten	на востоке	[na vɔstóke]
oostelijk (bn)	восточный	[vɔstótʃnij]

125. Zee. Oceaan

zee (de)	море (с)	[móre]
oceaan (de)	океан (м)	[ɔkeán]
golf (baai)	залив (м)	[zalíf]
straat (de)	пролив (м)	[prɔlíf]
grond (vaste grond)	земля (ж), суша (ж)	[zemlʲá], [súʃa]
continent (het)	материк (м)	[materík]
eiland (het)	остров (м)	[óstrɔf]
schiereiland (het)	полуостров (м)	[pɔlu·óstrɔf]
archipel (de)	архипелаг (м)	[arhipelág]
baai, bocht (de)	бухта (ж)	[búhta]
haven (de)	гавань (ж)	[gávanʲ]
lagune (de)	лагуна (ж)	[lagúna]
kaap (de)	мыс (м)	[mɨs]
atol (de)	атолл (м)	[atól]
rif (het)	риф (м)	[ríf]
koraal (het)	коралл (м)	[kɔrál]
koraalrif (het)	коралловый риф (м)	[kɔrálɔvij ríf]
diep (bn)	глубокий	[glubókij]
diepte (de)	глубина (ж)	[glubiná]
diepzee (de)	бездна (ж)	[bézdna]
trog (bijv. Marianentrog)	впадина (ж)	[fpádina]
stroming (de)	течение (с)	[tetʃénie]
omspoelen (ww)	омывать (нсв, пх)	[ɔmivátʲ]
oever (de)	побережье (с)	[pɔberéʒje]

kust (de)	берег (м)	[béreg]
vloed (de)	прилив (м)	[prilíf]
eb (de)	отлив (м)	[ɔtlíf]
ondiepte (ondiep water)	отмель (ж)	[ótmelʲ]
bodem (de)	дно (с)	[dnó]

golf (hoge ~)	волна (ж)	[vɔlná]
golfkam (de)	гребень (м) волны	[grében ʲ vɔlnī]
schuim (het)	пена (ж)	[péna]

orkaan (de)	ураган (м)	[uragán]
tsunami (de)	цунами (с)	[tsunámi]
windstilte (de)	штиль (м)	[ʃtílʲ]
kalm (bijv. ~e zee)	спокойный	[spɔkójnij]

| pool (de) | полюс (м) | [pólʲus] |
| polair (bn) | полярный | [pɔlʲárnij] |

breedtegraad (de)	широта (ж)	[ʃirɔtá]
lengtegraad (de)	долгота (ж)	[dɔlgotá]
parallel (de)	параллель (ж)	[paralélʲ]
evenaar (de)	экватор (м)	[ɛkvátɔr]

hemel (de)	небо (с)	[nébɔ]
horizon (de)	горизонт (м)	[gɔrizónt]
lucht (de)	воздух (м)	[vózduh]

vuurtoren (de)	маяк (м)	[maják]
duiken (ww)	нырять (нсв, нпх)	[nirʲátʲ]
zinken (ov. een boot)	затонуть (св, нпх)	[zatɔnútʲ]
schatten (mv.)	сокровища (мн)	[sɔkróviʃa]

126. Namen van zeeën en oceanen

Atlantische Oceaan (de)	Атлантический океан (м)	[atlantítʃeskij ɔkeán]
Indische Oceaan (de)	Индийский океан (м)	[indíjskij ɔkeán]
Stille Oceaan (de)	Тихий океан (м)	[tíhij ɔkeán]
Noordelijke IJszee (de)	Северный Ледовитый океан (м)	[sévernij ledɔvítij ɔkeán]

Zwarte Zee (de)	Чёрное море (с)	[tʃórnɔe móre]
Rode Zee (de)	Красное море (с)	[krásnɔe móre]
Gele Zee (de)	Жёлтое море (с)	[ʒóltɔe móre]
Witte Zee (de)	Белое море (с)	[bélɔe móre]

Kaspische Zee (de)	Каспийское море (с)	[kaspíjskɔe móre]
Dode Zee (de)	Мёртвое море (с)	[mǿrtvɔe móre]
Middellandse Zee (de)	Средиземное море (с)	[sredizémnɔe móre]

| Egeïsche Zee (de) | Эгейское море (с) | [ɛgéjskɔe móre] |
| Adriatische Zee (de) | Адриатическое море (с) | [adriatítʃeskɔe móre] |

| Arabische Zee (de) | Аравийское море (с) | [aravíjskɔe móre] |
| Japanse Zee (de) | японское море (с) | [jɪpónskɔe móre] |

| Beringzee (de) | Берингово море (c) | [béringɔvɔ móre] |
| Zuid-Chinese Zee (de) | Южно-Китайское море (c) | [júʒnɔ-kitájskɔe móre] |

Koraalzee (de)	Коралловое море (c)	[kɔrálɔvɔe móre]
Tasmanzee (de)	Тасманово море (c)	[tasmánɔvɔ móre]
Caribische Zee (de)	Карибское море (c)	[karíbskɔe móre]

| Barentszzee (de) | Баренцево море (c) | [bárentsɛvɔ móre] |
| Karische Zee (de) | Карское море (c) | [kárskɔe móre] |

Noordzee (de)	Северное море (c)	[sévernɔe móre]
Baltische Zee (de)	Балтийское море (c)	[baltíjskɔe móre]
Noorse Zee (de)	Норвежское море (c)	[nɔrvéʒskɔe móre]

127. Bergen

berg (de)	гора (ж)	[gɔrá]
bergketen (de)	горная цепь (ж)	[górnaja tsæpʲ]
gebergte (het)	горный хребет (м)	[górnij hrebét]

bergtop (de)	вершина (ж)	[verʃína]
bergpiek (de)	пик (м)	[pík]
voet (ov. de berg)	подножие (c)	[pɔdnóʒie]
helling (de)	склон (м)	[sklón]

vulkaan (de)	вулкан (м)	[vulkán]
actieve vulkaan (de)	действующий вулкан (м)	[déjstvujuʃij vulkán]
uitgedoofde vulkaan (de)	потухший вулкан (м)	[pɔtúhʃij vulkán]

uitbarsting (de)	извержение (c)	[izverʒǽnie]
krater (de)	кратер (м)	[krátɛr]
magma (het)	магма (ж)	[mágma]
lava (de)	лава (ж)	[láva]
gloeiend (~e lava)	раскалённый	[raskalǿnnij]

kloof (canyon)	каньон (м)	[kanjón]
bergkloof (de)	ущелье (c)	[uʃélje]
spleet (de)	расщелина (ж)	[raʃélina]

bergpas (de)	перевал (м)	[perevál]
plateau (het)	плато (c)	[plató]
klip (de)	скала (ж)	[skalá]
heuvel (de)	холм (м)	[hólm]

gletsjer (de)	ледник (м)	[ledník]
waterval (de)	водопад (м)	[vɔdɔpád]
geiser (de)	гейзер (м)	[géjzer]
meer (het)	озеро (c)	[ózerɔ]

vlakte (de)	равнина (ж)	[ravnína]
landschap (het)	пейзаж (м)	[pejzáʃ]
echo (de)	эхо (c)	[ǽhɔ]
alpinist (de)	альпинист (м)	[alʲpiníst]
bergbeklimmer (de)	скалолаз (м)	[skalɔlás]

| trotseren (berg ~) | покорять (нсв, пх) | [pɔkɔrʲátʲ] |
| beklimming (de) | восхождение (с) | [vɔsxɔʒdénie] |

128. Bergen namen

Alpen (de)	Альпы (мн)	[álʲpʲ]
Mont Blanc (de)	Монблан (м)	[mɔnblán]
Pyreneeën (de)	Пиренеи (мн)	[pirenéi]

Karpaten (de)	Карпаты (мн)	[karpátʲ]
Oeralgebergte (het)	Уральские горы (мн)	[urálʲskie górʲ]
Kaukasus (de)	Кавказ (м)	[kafkás]
Elbroes (de)	Эльбрус (м)	[ɛlʲbrús]

Altaj (de)	Алтай (м)	[altáj]
Tiensjan (de)	Тянь-Шань (ж)	[tʲánʲ-ʃánʲ]
Pamir (de)	Памир (м)	[pamír]
Himalaya (de)	Гималаи (мн)	[gimalái]
Everest (de)	Эверест (м)	[ɛverést]

| Andes (de) | Анды (мн) | [ándʲ] |
| Kilimanjaro (de) | Килиманджаро (ж) | [kilimandʒárɔ] |

129. Rivieren

rivier (de)	река (ж)	[reká]
bron (~ van een rivier)	источник (м)	[istótʃnik]
rivierbedding (de)	русло (с)	[rúslɔ]
rivierbekken (het)	бассейн (м)	[basǽjn]
uitmonden in …	впадать в … (нсв)	[fpadátʲ f …]

| zijrivier (de) | приток (м) | [pritók] |
| oever (de) | берег (м) | [béreg] |

stroming (de)	течение (с)	[tetʃénie]
stroomafwaarts (bw)	вниз по течению	[vnís pɔ tetʃéniju]
stroomopwaarts (bw)	вверх по течению	[vvérh pɔ tetʃéniju]

overstroming (de)	наводнение (с)	[navɔdnénie]
overstroming (de)	половодье (с)	[pɔlɔvódje]
buiten zijn oevers treden	разливаться (нсв, возв)	[razlivátsa]
overstromen (ww)	затоплять (нсв, пх)	[zatɔplʲátʲ]

| zandbank (de) | мель (ж) | [mélʲ] |
| stroomversnelling (de) | порог (м) | [pɔróg] |

dam (de)	плотина (ж)	[plɔtína]
kanaal (het)	канал (м)	[kanál]
spaarbekken (het)	водохранилище (с)	[vódɔ·hraníliʃe]
sluis (de)	шлюз (м)	[ʃlʲús]
waterlichaam (het)	водоём (м)	[vɔdɔjóm]
moeras (het)	болото (с)	[bɔlótɔ]

| broek (het) | трясина (ж) | [trɪsína] |
| draaikolk (de) | водоворот (м) | [vɔdɔvɔrót] |

stroom (de)	ручей (м)	[rutʃéj]
drink- (abn)	питьевой	[pitjevój]
zoet (~ water)	пресный	[présnij]

| ijs (het) | лёд (м) | [lǿd] |
| bevriezen (rivier, enz.) | замёрзнуть (св, нпх) | [zamǿrznutʲ] |

130. Namen van rivieren

| Seine (de) | Сена (ж) | [séna] |
| Loire (de) | Луара (ж) | [luára] |

Theems (de)	Темза (ж)	[tǽmza]
Rijn (de)	Рейн (м)	[rǽjn]
Donau (de)	Дунай (м)	[dunáj]

Wolga (de)	Волга (ж)	[vólga]
Don (de)	Дон (м)	[dón]
Lena (de)	Лена (ж)	[léna]

Gele Rivier (de)	Хуанхэ (ж)	[huanhǽ]
Blauwe Rivier (de)	янцзы (ж)	[jɪntszī]
Mekong (de)	Меконг (м)	[mekóng]
Ganges (de)	Ганг (м)	[gáng]

Nijl (de)	Нил (м)	[níl]
Kongo (de)	Конго (ж)	[kóngɔ]
Okavango (de)	Окаванго (ж)	[ɔkavángɔ]
Zambezi (de)	Замбези (ж)	[zambézi]
Limpopo (de)	Лимпопо (ж)	[limpɔpó]
Mississippi (de)	Миссисипи (ж)	[misisípi]

131. Bos

| bos (het) | лес (м) | [lés] |
| bos- (abn) | лесной | [lesnój] |

oerwoud (dicht bos)	чаща (ж)	[tʃáʃa]
bosje (klein bos)	роща (ж)	[róʃa]
open plek (de)	поляна (ж)	[pɔlʲána]

| struikgewas (het) | заросли (мн) | [zárɔsli] |
| struiken (mv.) | кустарник (м) | [kustárnik] |

| paadje (het) | тропинка (ж) | [trɔpínka] |
| ravijn (het) | овраг (м) | [ɔvrág] |

| boom (de) | дерево (с) | [dérevɔ] |
| blad (het) | лист (м) | [líst] |

gebladerte (het)	листва (ж)	[listvá]
vallende bladeren (mv.)	листопад (м)	[listopád]
vallen (ov. de bladeren)	опадать (нсв, нпх)	[ɔpadátʲ]
boomtop (de)	верхушка (ж)	[verhúʃka]

tak (de)	ветка (ж)	[vétka]
ent (de)	сук (м)	[súk]
knop (de)	почка (ж)	[pótʃka]
naald (de)	игла (ж)	[iglá]
dennenappel (de)	шишка (ж)	[ʃíʃka]

boom holte (de)	дупло (с)	[dupló]
nest (het)	гнездо (с)	[gnezdó]
hol (het)	нора (ж)	[nɔrá]

stam (de)	ствол (м)	[stvól]
wortel (bijv. boom~s)	корень (м)	[kórenʲ]
schors (de)	кора (ж)	[kɔrá]
mos (het)	мох (м)	[móh]

ontwortelen (een boom)	корчевать (нсв, пх)	[kɔrtʃevátʲ]
kappen (een boom ~)	рубить (нсв, пх)	[rubítʲ]
ontbossen (ww)	вырубать лес	[virubátʲ lʲés]
stronk (de)	пень (м)	[pénʲ]

kampvuur (het)	костёр (м)	[kɔstǿr]
bosbrand (de)	пожар (м)	[pɔʒár]
blussen (ww)	тушить (нсв, пх)	[tuʃítʲ]

boswachter (de)	лесник (м)	[lesník]
bescherming (de)	охрана (ж)	[ɔhrána]
beschermen (bijv. de natuur ~)	охранять (нсв, пх)	[ɔhranʲátʲ]
stroper (de)	браконьер (м)	[brakɔnjér]
val (de)	капкан (м)	[kapkán]

plukken (vruchten, enz.)	собирать (нсв, пх)	[sɔbirátʲ]
verdwalen (de weg kwijt zijn)	заблудиться (св, возв)	[zabludítsa]

132. Natuurlijke hulpbronnen

natuurlijke rijkdommen (mv.)	природные ресурсы (м мн)	[priródnie resúrsi]
delfstoffen (mv.)	полезные ископаемые (с мн)	[poléznie iskɔpáemie]
lagen (mv.)	залежи (мн)	[zálezʲi]
veld (bijv. olie~)	месторождение (с)	[mestɔrɔʒdénie]
winnen (uit erts ~)	добывать (нсв, пх)	[dɔbivátʲ]
winning (de)	добыча (ж)	[dɔbītʃa]
erts (het)	руда (ж)	[rudá]
mijn (bijv. kolenmijn)	рудник (м)	[rudník]
mijnschacht (de)	шахта (ж)	[ʃáhta]
mijnwerker (de)	шахтёр (м)	[ʃahtǿr]
gas (het)	газ (м)	[gás]

gasleiding (de)	газопровод (м)	[gazɔ·prɔvód]
olie (aardolie)	нефть (ж)	[néftʲ]
olieleiding (de)	нефтепровод (м)	[nefte·prɔvód]
oliebron (de)	нефтяная вышка (ж)	[neftɪnája vȋʃka]
boortoren (de)	буровая вышка (ж)	[burɔvája vȋʃka]
tanker (de)	танкер (м)	[tánker]
zand (het)	песок (м)	[pesók]
kalksteen (de)	известняк (м)	[izvesnʲák]
grind (het)	гравий (м)	[grávij]
veen (het)	торф (м)	[tórf]
klei (de)	глина (ж)	[glína]
steenkool (de)	уголь (м)	[úgɔlʲ]
ijzer (het)	железо (с)	[ʒelézɔ]
goud (het)	золото (с)	[zólɔtɔ]
zilver (het)	серебро (с)	[serebró]
nikkel (het)	никель (м)	[níkelʲ]
koper (het)	медь (ж)	[métʲ]
zink (het)	цинк (м)	[tsȋnk]
mangaan (het)	марганец (м)	[márganets]
kwik (het)	ртуть (ж)	[rtútʲ]
lood (het)	свинец (м)	[svinéts]
mineraal (het)	минерал (м)	[minerál]
kristal (het)	кристалл (м)	[kristáll]
marmer (het)	мрамор (м)	[mrámɔr]
uraan (het)	уран (м)	[urán]

De Aarde. Deel 2

weer (het)	погода (ж)	[pɔgóda]
weersvoorspelling (de)	прогноз (м) погоды	[prɔgnós pɔgódi]
temperatuur (de)	температура (ж)	[temperatúra]
thermometer (de)	термометр (м)	[termómetr]
barometer (de)	барометр (м)	[barómetr]
vochtig (bn)	влажный	[vláʒnij]
vochtigheid (de)	влажность (ж)	[vláʒnɔstʲ]
hitte (de)	жара (ж)	[ʒará]
heet (bn)	жаркий	[ʒárkij]
het is heet	жарко	[ʒárkɔ]
het is warm	тепло	[tepló]
warm (bn)	тёплый	[tǿplij]
het is koud	холодно	[hólɔdnɔ]
koud (bn)	холодный	[hɔlódnij]
zon (de)	солнце (с)	[sóntse]
schijnen (de zon)	светить (нсв, нпх)	[svetítʲ]
zonnig (~e dag)	солнечный	[sólnetʃnij]
opgaan (ov. de zon)	взойти (св, нпх)	[vzɔjtí]
ondergaan (ww)	сесть (св, нпх)	[séstʲ]
wolk (de)	облако (с)	[óblakɔ]
bewolkt (bn)	облачный	[óblatʃnij]
regenwolk (de)	туча (ж)	[túʧa]
somber (bn)	пасмурный	[pásmurnij]
regen (de)	дождь (м)	[dóʃtʲ], [dóʃ]
het regent	идёт дождь	[idǿt dóʃtʲ]
regenachtig (bn)	дождливый	[dɔʒdlívij]
motregenen (ww)	моросить (нсв, нпх)	[mɔrɔsítʲ]
plensbui (de)	проливной дождь (м)	[prɔlivnój dóʃtʲ]
stortbui (de)	ливень (м)	[lívenʲ]
hard (bn)	сильный	[sílʲnij]
plas (de)	лужа (ж)	[lúʒa]
nat worden (ww)	промокнуть (св, нпх)	[prɔmóknutʲ]
mist (de)	туман (м)	[tumán]
mistig (bn)	туманный	[tumánnij]
sneeuw (de)	снег (м)	[snég]
het sneeuwt	идёт снег	[idǿt snég]

134. Zwaar weer. Natuurrampen

noodweer (storm)	гроза (ж)	[grɔzá]
bliksem (de)	молния (ж)	[mólnija]
flitsen (ww)	сверкать (нсв, нпх)	[sverkátʲ]
donder (de)	гром (м)	[gróm]
donderen (ww)	греметь (нсв, нпх)	[gremétʲ]
het dondert	гремит гром	[gremít gróm]
hagel (de)	град (м)	[grád]
het hagelt	идёт град	[idǿt grád]
overstromen (ww)	затопить (св, пх)	[zatɔpítʲ]
overstroming (de)	наводнение (с)	[navɔdnénie]
aardbeving (de)	землетрясение (с)	[zemletrɪsénie]
aardschok (de)	толчок (м)	[tɔltʃók]
epicentrum (het)	эпицентр (м)	[ɛpitsǽntr]
uitbarsting (de)	извержение (с)	[izverʒǽnie]
lava (de)	лава (ж)	[láva]
wervelwind (de)	смерч (м)	[smértʃ]
windhoos (de)	торнадо (м)	[tɔrnádɔ]
tyfoon (de)	тайфун (м)	[tajfún]
orkaan (de)	ураган (м)	[uragán]
storm (de)	буря (ж)	[búrʲa]
tsunami (de)	цунами (с)	[tsunámi]
cycloon (de)	циклон (м)	[tsiklón]
onweer (het)	непогода (ж)	[nepɔgóda]
brand (de)	пожар (м)	[pɔʒár]
ramp (de)	катастрофа (ж)	[katastrófa]
meteoriet (de)	метеорит (м)	[meteɔrít]
lawine (de)	лавина (ж)	[lavína]
sneeuwverschuiving (de)	обвал (м)	[ɔbvál]
sneeuwjacht (de)	метель (ж)	[metélʲ]
sneeuwstorm (de)	вьюга (ж)	[vjúga]

Fauna

135. Zoogdieren. Roofdieren

roofdier (het)	хищник (м)	[híʃnik]
tijger (de)	тигр (м)	[tígr]
leeuw (de)	лев (м)	[léf]
wolf (de)	волк (м)	[vólk]
vos (de)	лиса (ж)	[lisá]
jaguar (de)	ягуар (м)	[jɪguár]
luipaard (de)	леопард (м)	[leɔpárd]
jachtluipaard (de)	гепард (м)	[gepárd]
panter (de)	пантера (ж)	[pantǽra]
poema (de)	пума (ж)	[púma]
sneeuwluipaard (de)	снежный барс (м)	[snéʒnij bárs]
lynx (de)	рысь (ж)	[rĩsʲ]
coyote (de)	койот (м)	[kɔjót]
jakhals (de)	шакал (м)	[ʃakál]
hyena (de)	гиена (ж)	[giéna]

136. Wilde dieren

dier (het)	животное (с)	[ʒivótnɔe]
beest (het)	зверь (м)	[zvérʲ]
eekhoorn (de)	белка (ж)	[bélka]
egel (de)	ёж (м)	[jóʃ]
haas (de)	заяц (м)	[záɪts]
konijn (het)	кролик (м)	[królik]
das (de)	барсук (м)	[barsúk]
wasbeer (de)	енот (м)	[enót]
hamster (de)	хомяк (м)	[hɔmʲák]
marmot (de)	сурок (м)	[surók]
mol (de)	крот (м)	[krót]
muis (de)	мышь (ж)	[mĩʃ]
rat (de)	крыса (ж)	[krĩsa]
vleermuis (de)	летучая мышь (ж)	[letútʃaja mĩʃ]
hermelijn (de)	горностай (м)	[gɔrnɔstáj]
sabeldier (het)	соболь (м)	[sóbɔlʲ]
marter (de)	куница (ж)	[kunítsa]
wezel (de)	ласка (ж)	[láska]
nerts (de)	норка (ж)	[nórka]

bever (de)	бобр (м)	[bóbr]
otter (de)	выдра (ж)	[vīdra]

paard (het)	лошадь (ж)	[lóʃatʲ]
eland (de)	лось (м)	[lósʲ]
hert (het)	олень (м)	[ɔlénʲ]
kameel (de)	верблюд (м)	[verblʲúd]

bizon (de)	бизон (м)	[bizón]
wisent (de)	зубр (м)	[zúbr]
buffel (de)	буйвол (м)	[bújvɔl]

zebra (de)	зебра (ж)	[zébra]
antilope (de)	антилопа (ж)	[antilópa]
ree (de)	косуля (ж)	[kɔsúlʲa]
damhert (het)	лань (ж)	[lánʲ]
gems (de)	серна (ж)	[sérna]
everzwijn (het)	кабан (м)	[kabán]

walvis (de)	кит (м)	[kít]
rob (de)	тюлень (м)	[tʲulénʲ]
walrus (de)	морж (м)	[mórʃ]
zeebeer (de)	котик (м)	[kótik]
dolfijn (de)	дельфин (м)	[delʲfín]

beer (de)	медведь (м)	[medvétʲ]
ijsbeer (de)	белый медведь (м)	[bélij medvétʲ]
panda (de)	панда (ж)	[pánda]

aap (de)	обезьяна (ж)	[ɔbezjána]
chimpansee (de)	шимпанзе (с)	[ʃimpanzǽ]
orang-oetan (de)	орангутанг (м)	[ɔrangutáng]
gorilla (de)	горилла (ж)	[gɔríla]
makaak (de)	макака (ж)	[makáka]
gibbon (de)	гиббон (м)	[gibón]

olifant (de)	слон (м)	[slón]
neushoorn (de)	носорог (м)	[nɔsɔróg]
giraffe (de)	жираф (м)	[ʒɨráf]
nijlpaard (het)	бегемот (м)	[begemót]

kangoeroe (de)	кенгуру (м)	[kengurú]
koala (de)	коала (ж)	[kɔála]

mangoest (de)	мангуст (м)	[mangúst]
chinchilla (de)	шиншилла (ж)	[ʃinʃīla]
stinkdier (het)	скунс (м)	[skúns]
stekelvarken (het)	дикобраз (м)	[dikɔbrás]

137. Huisdieren

poes (de)	кошка (ж)	[kóʃka]
kater (de)	кот (м)	[kót]
paard (het)	лошадь (ж)	[lóʃatʲ]

hengst (de)	жеребец (м)	[ʒerebéts]
merrie (de)	кобыла (ж)	[kɔbīla]
koe (de)	корова (ж)	[kɔróva]
bul, stier (de)	бык (м)	[bīk]
os (de)	вол (м)	[vól]
schaap (het)	овца (ж)	[ɔftsá]
ram (de)	баран (м)	[barán]
geit (de)	коза (ж)	[kɔzá]
bok (de)	козёл (м)	[kɔzǿl]
ezel (de)	осёл (м)	[ɔsǿl]
muilezel (de)	мул (м)	[múl]
varken (het)	свинья (ж)	[svinjá]
biggetje (het)	поросёнок (м)	[pɔrɔsǿnɔk]
konijn (het)	кролик (м)	[królik]
kip (de)	курица (ж)	[kúritsa]
haan (de)	петух (м)	[petúh]
eend (de)	утка (ж)	[útka]
woerd (de)	селезень (м)	[sélezenʲ]
gans (de)	гусь (м)	[gúsʲ]
kalkoen haan (de)	индюк (м)	[indʲúk]
kalkoen (de)	индюшка (ж)	[indʲúʃka]
huisdieren (mv.)	домашние животные (с мн)	[dɔmáʃnie ʒivótnie]
tam (bijv. hamster)	ручной	[rutʃnój]
temmen (tam maken)	приручать (нсв, пх)	[prirutʃátʲ]
fokken (bijv. paarden ~)	выращивать (нсв, пх)	[viráʃʲivatʲ]
boerderij (de)	ферма (ж)	[férma]
gevogelte (het)	домашняя птица (ж)	[dɔmáʃnʲaja ptítsa]
rundvee (het)	скот (м)	[skót]
kudde (de)	стадо (с)	[stádɔ]
paardenstal (de)	конюшня (ж)	[kɔnʲúʃnʲa]
zwijnenstal (de)	свинарник (м)	[svinárnik]
koeienstal (de)	коровник (м)	[kɔróvnik]
konijnenhok (het)	крольчатник (м)	[krɔlʲtʃátnik]
kippenhok (het)	курятник (м)	[kurʲátnik]

138. Vogels

vogel (de)	птица (ж)	[ptítsa]
duif (de)	голубь (м)	[gólupʲ]
mus (de)	воробей (м)	[vɔrɔbéj]
koolmees (de)	синица (ж)	[sinítsa]
ekster (de)	сорока (ж)	[sɔróka]
raaf (de)	ворон (м)	[vórɔn]
kraai (de)	ворона (ж)	[vɔróna]

| kauw (de) | галка (ж) | [gálka] |
| roek (de) | грач (м) | [grátʃ] |

eend (de)	утка (ж)	[útka]
gans (de)	гусь (м)	[gúsʲ]
fazant (de)	фазан (м)	[fazán]

arend (de)	орёл (м)	[ɔrǿl]
havik (de)	ястреб (м)	[jástreb]
valk (de)	сокол (м)	[sókɔl]
gier (de)	гриф (м)	[gríf]
condor (de)	кондор (м)	[kóndɔr]

zwaan (de)	лебедь (м)	[lébetʲ]
kraanvogel (de)	журавль (м)	[ʒurávlʲ]
ooievaar (de)	аист (м)	[áist]

papegaai (de)	попугай (м)	[pɔpugáj]
kolibrie (de)	колибри (ж)	[kɔlíbri]
pauw (de)	павлин (м)	[pavlín]

struisvogel (de)	страус (м)	[stráus]
reiger (de)	цапля (ж)	[tsáplʲa]
flamingo (de)	фламинго (с)	[flamíngɔ]
pelikaan (de)	пеликан (м)	[pelikán]

| nachtegaal (de) | соловей (м) | [sɔlɔvéj] |
| zwaluw (de) | ласточка (ж) | [lástɔtʃka] |

lijster (de)	дрозд (м)	[drózd]
zanglijster (de)	певчий дрозд (м)	[péftʃij drózd]
merel (de)	чёрный дрозд (м)	[tʃórnij drózd]

gierzwaluw (de)	стриж (м)	[stríʃ]
leeuwerik (de)	жаворонок (м)	[ʒávɔrɔnɔk]
kwartel (de)	перепел (м)	[pérepel]

specht (de)	дятел (м)	[dʲátel]
koekoek (de)	кукушка (ж)	[kukúʃka]
uil (de)	сова (ж)	[sɔvá]
oehoe (de)	филин (м)	[fílin]
auerhoen (het)	глухарь (м)	[gluhárʲ]

| korhoen (het) | тетерев (м) | [téteref] |
| patrijs (de) | куропатка (ж) | [kurɔpátka] |

spreeuw (de)	скворец (м)	[skvɔréts]
kanarie (de)	канарейка (ж)	[kanaréjka]
hazelhoen (het)	рябчик (м)	[rʲáptʃik]

| vink (de) | зяблик (м) | [zʲáblik] |
| goudvink (de) | снегирь (м) | [snegírʲ] |

meeuw (de)	чайка (ж)	[tʃájka]
albatros (de)	альбатрос (м)	[alʲbatrós]
pinguïn (de)	пингвин (м)	[pingvín]

139. Vis. Zeedieren

brasem (de)	лещ (м)	[léʃ]
karper (de)	карп (м)	[kárp]
baars (de)	окунь (м)	[ókunʲ]
meerval (de)	сом (м)	[sóm]
snoek (de)	щука (ж)	[ʃʲúka]

zalm (de)	лосось (м)	[lɔsósʲ]
steur (de)	осётр (м)	[ɔsǿtr]

haring (de)	сельдь (ж)	[sélʲtʲ]
atlantische zalm (de)	сёмга (ж)	[sǿmga]
makreel (de)	скумбрия (ж)	[skúmbrija]
platvis (de)	камбала (ж)	[kámbala]

snoekbaars (de)	судак (м)	[sudák]
kabeljauw (de)	треска (ж)	[treská]
tonijn (de)	тунец (м)	[tunéts]
forel (de)	форель (ж)	[fɔrǽlʲ]

paling (de)	угорь (м)	[úgɔrʲ]
sidderrog (de)	электрический скат (м)	[ɛlektrítʃeskij skát]
murene (de)	мурена (ж)	[muréna]
piranha (de)	пиранья (ж)	[piránja]

haai (de)	акула (ж)	[akúla]
dolfijn (de)	дельфин (м)	[delʲfín]
walvis (de)	кит (м)	[kít]

krab (de)	краб (м)	[kráb]
kwal (de)	медуза (ж)	[medúza]
octopus (de)	осьминог (м)	[ɔsʲminóg]

zeester (de)	морская звезда (ж)	[mɔrskája zvezdá]
zee-egel (de)	морской ёж (м)	[mɔrskój jóʃ]
zeepaardje (het)	морской конёк (м)	[mɔrskój kɔnǿk]

oester (de)	устрица (ж)	[ústritsa]
garnaal (de)	креветка (ж)	[krevétka]
kreeft (de)	омар (м)	[ɔmár]
langoest (de)	лангуст (м)	[langúst]

140. Amfibieën. Reptielen

slang (de)	змея (ж)	[zmejá]
giftig (slang)	ядовитый	[jɪdɔvítij]

adder (de)	гадюка (ж)	[gadʲúka]
cobra (de)	кобра (ж)	[kóbra]
python (de)	питон (м)	[pitón]
boa (de)	удав (м)	[udáf]
ringslang (de)	уж (м)	[úʃ]

| ratelslang (de) | гремучая змея (ж) | [gremútʃaja zmejá] |
| anaconda (de) | анаконда (ж) | [anakónda] |

hagedis (de)	ящерица (ж)	[jáʃeritsa]
leguaan (de)	игуана (ж)	[iguána]
varaan (de)	варан (м)	[varán]
salamander (de)	саламандра (ж)	[salamándra]
kameleon (de)	хамелеон (м)	[hameleón]
schorpioen (de)	скорпион (м)	[skɔrpión]

schildpad (de)	черепаха (ж)	[tʃerepáha]
kikker (de)	лягушка (ж)	[lɪgúʃka]
pad (de)	жаба (ж)	[ʒába]
krokodil (de)	крокодил (м)	[krɔkɔdíl]

141. Insecten

insect (het)	насекомое (с)	[nasekómɔe]
vlinder (de)	бабочка (ж)	[bábɔtʃka]
mier (de)	муравей (м)	[muravéj]
vlieg (de)	муха (ж)	[múha]
mug (de)	комар (м)	[kɔmár]
kever (de)	жук (м)	[ʒúk]

wesp (de)	оса (ж)	[ɔsá]
bij (de)	пчела (ж)	[ptʃelá]
hommel (de)	шмель (м)	[ʃmélʲ]
horzel (de)	овод (м)	[óvɔd]

| spin (de) | паук (м) | [paúk] |
| spinnenweb (het) | паутина (ж) | [pautína] |

libel (de)	стрекоза (ж)	[strekɔzá]
sprinkhaan (de)	кузнечик (м)	[kuznétʃik]
nachtvlinder (de)	мотылёк (м)	[mɔtiløk]

kakkerlak (de)	таракан (м)	[tarakán]
teek (de)	клещ (м)	[kléʃʲ]
vlo (de)	блоха (ж)	[blɔhá]
kriebelmug (de)	мошка (ж)	[móʃka]

treksprinkhaan (de)	саранча (ж)	[sarantʃá]
slak (de)	улитка (ж)	[ulítka]
krekel (de)	сверчок (м)	[svertʃók]
glimworm (de)	светлячок (м)	[svetlɪtʃók]
lieveheersbeestje (het)	божья коровка (ж)	[bóʒja kɔrófka]
meikever (de)	майский жук (м)	[májskij ʒúk]

bloedzuiger (de)	пиявка (ж)	[pijáfka]
rups (de)	гусеница (ж)	[gúsenitsa]
aardworm (de)	червь (м)	[tʃérfʲ]
larve (de)	личинка (ж)	[litʃínka]

Flora

142. Bomen

boom (de)	дерево (c)	[dérevɔ]
loof- (abn)	лиственное	[lístvenɔe]
dennen- (abn)	хвойное	[hvójnɔe]
groenblijvend (bn)	вечнозелёное	[vetʃnɔ·zelǿnɔe]
appelboom (de)	яблоня (ж)	[jáblɔnʲa]
perenboom (de)	груша (ж)	[grúʃa]
zoete kers (de)	черешня (ж)	[tʃeréʃnʲa]
zure kers (de)	вишня (ж)	[víʃnʲa]
pruimelaar (de)	слива (ж)	[slíva]
berk (de)	берёза (ж)	[berǿza]
eik (de)	дуб (м)	[dúb]
linde (de)	липа (ж)	[lípa]
esp (de)	осина (ж)	[ɔsína]
esdoorn (de)	клён (м)	[klǿn]
spar (de)	ель (ж)	[élʲ]
den (de)	сосна (ж)	[sɔsná]
lariks (de)	лиственница (ж)	[lístvenitsa]
zilverspar (de)	пихта (ж)	[píhta]
ceder (de)	кедр (м)	[kédr]
populier (de)	тополь (м)	[tópɔlʲ]
lijsterbes (de)	рябина (ж)	[rɪbína]
wilg (de)	ива (ж)	[íva]
els (de)	ольха (ж)	[ɔlʲhá]
beuk (de)	бук (м)	[búk]
iep (de)	вяз (м)	[vʲás]
es (de)	ясень (м)	[jásenʲ]
kastanje (de)	каштан (м)	[kaʃtán]
magnolia (de)	магнолия (ж)	[magnólija]
palm (de)	пальма (ж)	[pálʲma]
cipres (de)	кипарис (м)	[kiparís]
mangrove (de)	мангровое дерево (c)	[mángrɔvɔe dérevɔ]
baobab (apenbroodboom)	баобаб (м)	[baɔbáb]
eucalyptus (de)	эвкалипт (м)	[ɛfkalípt]
mammoetboom (de)	секвойя (ж)	[sekvója]

143. Heesters

struik (de)	куст (м)	[kúst]
heester (de)	кустарник (м)	[kustárnik]

| wijnstok (de) | виноград (м) | [vinɔgrád] |
| wijngaard (de) | виноградник (м) | [vinɔgrádnik] |

frambozenstruik (de)	малина (ж)	[malína]
zwarte bes (de)	чёрная смородина (ж)	[tʃórnaja smɔródina]
rode bessenstruik (de)	красная смородина (ж)	[krásnaja smɔródina]
kruisbessenstruik (de)	крыжовник (м)	[kriʒóvnik]

acacia (de)	акация (ж)	[akátsija]
zuurbes (de)	барбарис (м)	[barbarís]
jasmijn (de)	жасмин (м)	[ʒasmín]

jeneverbes (de)	можжевельник (м)	[mɔʒevélʲnik]
rozenstruik (de)	розовый куст (м)	[rózɔvij kúst]
hondsroos (de)	шиповник (м)	[ʃipóvnik]

144. Vruchten. Bessen

appel (de)	яблоко (с)	[jáblɔkɔ]
peer (de)	груша (ж)	[grúʃa]
pruim (de)	слива (ж)	[slíva]

| aardbei (de) | клубника (ж) | [klubníka] |
| zure kers (de) | вишня (ж) | [víʃnʲa] |

| zoete kers (de) | черешня (ж) | [tʃeréʃnʲa] |
| druif (de) | виноград (м) | [vinɔgrád] |

framboos (de)	малина (ж)	[malína]
zwarte bes (de)	чёрная смородина (ж)	[tʃórnaja smɔródina]
rode bes (de)	красная смородина (ж)	[krásnaja smɔródina]

| kruisbes (de) | крыжовник (м) | [kriʒóvnik] |
| veenbes (de) | клюква (ж) | [klʲúkva] |

sinaasappel (de)	апельсин (м)	[apelʲsín]
mandarijn (de)	мандарин (м)	[mandarín]
ananas (de)	ананас (м)	[ananás]

| banaan (de) | банан (м) | [banán] |
| dadel (de) | финик (м) | [fínik] |

citroen (de)	лимон (м)	[limón]
abrikoos (de)	абрикос (м)	[abrikós]
perzik (de)	персик (м)	[pérsik]

| kiwi (de) | киви (м) | [kívi] |
| grapefruit (de) | грейпфрут (м) | [gréjpfrut] |

bes (de)	ягода (ж)	[jágɔda]
bessen (mv.)	ягоды (ж мн)	[jágɔdi]
vossenbes (de)	брусника (ж)	[brusníka]
bosaardbei (de)	земляника (ж)	[zemlɪníka]
blauwe bosbes (de)	черника (ж)	[tʃerníka]

145. Bloemen. Planten

bloem (de)	цветок (м)	[tsvetók]
boeket (het)	букет (м)	[bukét]
roos (de)	роза (ж)	[róza]
tulp (de)	тюльпан (м)	[tʲulʲpán]
anjer (de)	гвоздика (ж)	[gvɔzdíka]
gladiool (de)	гладиолус (м)	[gladiólus]
korenbloem (de)	василёк (м)	[vasiløk]
klokje (het)	колокольчик (м)	[kɔlɔkólʲtʃik]
paardenbloem (de)	одуванчик (м)	[ɔduvántʃik]
kamille (de)	ромашка (ж)	[rɔmáʃka]
aloë (de)	алоэ (с)	[alóɛ]
cactus (de)	кактус (м)	[káktus]
ficus (de)	фикус (м)	[fíkus]
lelie (de)	лилия (ж)	[lílija]
geranium (de)	герань (ж)	[geránʲ]
hyacint (de)	гиацинт (м)	[giatsínt]
mimosa (de)	мимоза (ж)	[mimóza]
narcis (de)	нарцисс (м)	[nartsís]
Oost-Indische kers (de)	настурция (ж)	[nastúrtsija]
orchidee (de)	орхидея (ж)	[ɔrhidéja]
pioenroos (de)	пион (м)	[pión]
viooltje (het)	фиалка (ж)	[fiálka]
driekleurig viooltje (het)	анютины глазки (мн)	[anʲútini gláski]
vergeet-mij-nietje (het)	незабудка (ж)	[nezabútka]
madeliefje (het)	маргаритка (ж)	[margarítka]
papaver (de)	мак (м)	[mák]
hennep (de)	конопля (ж)	[kɔnɔplʲá]
munt (de)	мята (ж)	[mʲáta]
lelietje-van-dalen (het)	ландыш (м)	[lándiʃ]
sneeuwklokje (het)	подснежник (м)	[pɔtsnéʒnik]
brandnetel (de)	крапива (ж)	[krapíva]
veldzuring (de)	щавель (м)	[ʃavélʲ]
waterlelie (de)	кувшинка (ж)	[kufʃínka]
varen (de)	папоротник (м)	[pápɔrtnik]
korstmos (het)	лишайник (м)	[liʃájnik]
oranjerie (de)	оранжерея (ж)	[ɔranʒeréja]
gazon (het)	газон (м)	[gazón]
bloemperk (het)	клумба (ж)	[klúmba]
plant (de)	растение (с)	[rasténie]
gras (het)	трава (ж)	[travá]
grasspriet (de)	травинка (ж)	[travínka]

139

blad (het)	лист (м)	[líst]
bloemblad (het)	лепесток (м)	[lepestók]
stengel (de)	стебель (м)	[stébelʲ]
knol (de)	клубень (м)	[klúbenʲ]

| scheut (de) | росток (м) | [rɔstók] |
| doorn (de) | шип (м) | [ʃíp] |

bloeien (ww)	цвести (нсв, нпх)	[ʦvestí]
verwelken (ww)	вянуть (нсв, нпх)	[vʲánutʲ]
geur (de)	запах (м)	[zápah]
snijden (bijv. bloemen ~)	срезать (св, пх)	[srézatʲ]
plukken (bloemen ~)	сорвать (св, пх)	[sɔrvátʲ]

146. Granen, graankorrels

graan (het)	зерно (с)	[zernó]
graangewassen (mv.)	зерновые растения (с мн)	[zernɔvīe rasténija]
aar (de)	колос (м)	[kólɔs]

tarwe (de)	пшеница (ж)	[pʃɛnítsa]
rogge (de)	рожь (ж)	[róʃ]
haver (de)	овёс (м)	[ɔvǿs]
gierst (de)	просо (с)	[prósɔ]
gerst (de)	ячмень (м)	[jɪʧménʲ]

maïs (de)	кукуруза (ж)	[kukurúza]
rijst (de)	рис (м)	[rís]
boekweit (de)	гречиха (ж)	[gretʃíha]

erwt (de)	горох (м)	[gɔróh]
nierboon (de)	фасоль (ж)	[fasólʲ]
soja (de)	соя (ж)	[sója]
linze (de)	чечевица (ж)	[ʧeʧevítsa]
bonen (mv.)	бобы (мн)	[bɔbī]

LANDEN. NATIONALITEITEN

147. West-Europa

Europa (het)	Европа (ж)	[evrópa]
Europese Unie (de)	Европейский Союз (м)	[evrɔpéjskij sɔjús]
Oostenrijk (het)	Австрия (ж)	[áfstrija]
Groot-Brittannië (het)	Великобритания (ж)	[velikɔbritánija]
Engeland (het)	Англия (ж)	[ánglija]
België (het)	Бельгия (ж)	[bélʲgija]
Duitsland (het)	Германия (ж)	[germánija]
Nederland (het)	Нидерланды (мн)	[niderlándi]
Holland (het)	Голландия (ж)	[gɔlándija]
Griekenland (het)	Греция (ж)	[grétsija]
Denemarken (het)	Дания (ж)	[dánija]
Ierland (het)	Ирландия (ж)	[irlándija]
IJsland (het)	Исландия (ж)	[islándija]
Spanje (het)	Испания (ж)	[ispánija]
Italië (het)	Италия (ж)	[itálija]
Cyprus (het)	Кипр (м)	[kípr]
Malta (het)	Мальта (ж)	[málʲta]
Noorwegen (het)	Норвегия (ж)	[nɔrvégija]
Portugal (het)	Португалия (ж)	[pɔrtugálija]
Finland (het)	Финляндия (ж)	[finlʲándija]
Frankrijk (het)	Франция (ж)	[frántsija]
Zweden (het)	Швеция (ж)	[ʃvétsija]
Zwitserland (het)	Швейцария (ж)	[ʃvejtsárija]
Schotland (het)	Шотландия (ж)	[ʃɔtlándija]
Vaticaanstad (de)	Ватикан (м)	[vatikán]
Liechtenstein (het)	Лихтенштейн (м)	[lihtɛnʃtǽjn]
Luxemburg (het)	Люксембург (м)	[lʲuksembúrg]
Monaco (het)	Монако (с)	[mɔnákɔ]

148. Centraal- en Oost-Europa

Albanië (het)	Албания (ж)	[albánija]
Bulgarije (het)	Болгария (ж)	[bɔlgárija]
Hongarije (het)	Венгрия (ж)	[véngrija]
Letland (het)	Латвия (ж)	[látvija]
Litouwen (het)	Литва (ж)	[litvá]
Polen (het)	Польша (ж)	[pólʲʃa]

Roemenië (het)	Румыния (ж)	[rumīnija]
Servië (het)	Сербия (ж)	[sérbija]
Slowakije (het)	Словакия (ж)	[slɔvákija]

Kroatië (het)	Хорватия (ж)	[hɔrvátija]
Tsjechië (het)	Чехия (ж)	[ʧéhija]
Estland (het)	Эстония (ж)	[ɛstónija]

Bosnië en Herzegovina (het)	Босния и Герцеговина (ж)	[bósnija i gerʦɛgɔvína]
Macedonië (het)	Македония (ж)	[makedónija]
Slovenië (het)	Словения (ж)	[slɔvénija]
Montenegro (het)	Черногория (ж)	[ʧernɔgórija]

149. Voormalige USSR landen

| Azerbeidzjan (het) | Азербайджан (м) | [azerbajdʒán] |
| Armenië (het) | Армения (ж) | [arménija] |

Wit-Rusland (het)	Беларусь (ж)	[belarúsʲ]
Georgië (het)	Грузия (ж)	[grúzija]
Kazakstan (het)	Казахстан (м)	[kazahstán]
Kirgizië (het)	Кыргызстан (м)	[kirgizstán]
Moldavië (het)	Молдова (ж)	[mɔldóva]

| Rusland (het) | Россия (ж) | [rɔsíja] |
| Oekraïne (het) | Украина (ж) | [ukraína] |

Tadzjikistan (het)	Таджикистан (м)	[tadʒikistán]
Turkmenistan (het)	Туркмения (ж)	[turkménija]
Oezbekistan (het)	Узбекистан (м)	[uzbekistán]

150. Azië

Azië (het)	Азия (ж)	[ázija]
Vietnam (het)	Вьетнам (м)	[vjetnám]
India (het)	Индия (ж)	[índija]
Israël (het)	Израиль (м)	[izráilʲ]

China (het)	Китай (м)	[kitáj]
Libanon (het)	Ливан (м)	[liván]
Mongolië (het)	Монголия (ж)	[mɔngólija]

| Maleisië (het) | Малайзия (ж) | [malájzija] |
| Pakistan (het) | Пакистан (м) | [pakistán] |

Saoedi-Arabië (het)	Саудовская Аравия (ж)	[saúdɔfskaja arávija]
Thailand (het)	Таиланд (м)	[tailánd]
Taiwan (het)	Тайвань (м)	[tajvánʲ]
Turkije (het)	Турция (ж)	[túrʦija]
Japan (het)	Япония (ж)	[jɪpónija]
Afghanistan (het)	Афганистан (м)	[afganistán]
Bangladesh (het)	Бангладеш (м)	[bangladéʃ]

Indonesië (het)	Индонезия (ж)	[indɔnézija]
Jordanië (het)	Иордания (ж)	[iɔrdánija]
Irak (het)	Ирак (м)	[irák]
Iran (het)	Иран (м)	[irán]
Cambodja (het)	Камбоджа (ж)	[kambódʒa]
Koeweit (het)	Кувейт (м)	[kuvéjt]
Laos (het)	Лаос (м)	[laós]
Myanmar (het)	Мьянма (ж)	[mjánma]
Nepal (het)	Непал (м)	[nepál]
Verenigde Arabische Emiraten	Объединённые Арабские Эмираты (мн)	[ɔbjedinǿnnie arápskie ɛmiráti]
Syrië (het)	Сирия (ж)	[sírija]
Palestijnse autonomie (de)	Палестина (ж)	[palestína]
Zuid-Korea (het)	Южная Корея (ж)	[júʒnaja koréja]
Noord-Korea (het)	Северная Корея (ж)	[sévernaja koréja]

151. Noord-Amerika

Verenigde Staten van Amerika	Соединённые Штаты (мн) Америки	[sɔedinǿnnie ʃtáti amériki]
Canada (het)	Канада (ж)	[kanáda]
Mexico (het)	Мексика (ж)	[méksika]

152. Midden- en Zuid-Amerika

Argentinië (het)	Аргентина (ж)	[argentína]
Brazilië (het)	Бразилия (ж)	[brazílija]
Colombia (het)	Колумбия (ж)	[kɔlúmbija]
Cuba (het)	Куба (ж)	[kúba]
Chili (het)	Чили (ж)	[tʃíli]
Bolivia (het)	Боливия (ж)	[bɔlívija]
Venezuela (het)	Венесуэла (ж)	[venesuǽla]
Paraguay (het)	Парагвай (м)	[paragváj]
Peru (het)	Перу (с)	[perú]
Suriname (het)	Суринам (м)	[surinám]
Uruguay (het)	Уругвай (м)	[urugváj]
Ecuador (het)	Эквадор (м)	[ɛkvadór]
Bahama's (mv.)	Багамские острова (ж)	[bagámskie ɔstrɔvá]
Haïti (het)	Гаити (м)	[gaíti]
Dominicaanse Republiek (de)	Доминиканская республика (ж)	[dɔminikánskaja respúblika]
Panama (het)	Панама (ж)	[panáma]
Jamaica (het)	ямайка (ж)	[jɪmájka]

153. Afrika

Egypte (het)	Египет (м)	[egípet]
Marokko (het)	Марокко (с)	[marókɔ]
Tunesië (het)	Тунис (м)	[tunís]
Ghana (het)	Гана (ж)	[gána]
Zanzibar (het)	Занзибар (м)	[zanzibár]
Kenia (het)	Кения (ж)	[kénija]
Libië (het)	Ливия (ж)	[lívija]
Madagaskar (het)	Мадагаскар (м)	[madagaskár]
Namibië (het)	Намибия (ж)	[namíbija]
Senegal (het)	Сенегал (м)	[senegál]
Tanzania (het)	Танзания (ж)	[tanzánija]
Zuid-Afrika (het)	ЮАР (ж)	[juár]

154. Australië. Oceanië

Australië (het)	Австралия (ж)	[afstrálija]
Nieuw-Zeeland (het)	Новая Зеландия (ж)	[nóvaja zelándija]
Tasmanië (het)	Тасмания (ж)	[tasmánija]
Frans-Polynesië	Французская Полинезия (ж)	[frantsúskaja pɔlinǽzija]

155. Steden

Amsterdam	Амстердам (м)	[amstɛrdám]
Ankara	Анкара (ж)	[ankará]
Athene	Афины (мн)	[afíni]
Bagdad	Багдад (м)	[bagdád]
Bangkok	Бангкок (м)	[bankók]
Barcelona	Барселона (ж)	[barselóna]
Beiroet	Бейрут (м)	[bejrút]
Berlijn	Берлин (м)	[berlín]
Boedapest	Будапешт (м)	[budapéʃt]
Boekarest	Бухарест (м)	[buharést]
Bombay, Mumbai	Бомбей (м)	[bɔmbéj]
Bonn	Бонн (м)	[bónn]
Bordeaux	Бордо (м)	[bɔrdó]
Bratislava	Братислава (ж)	[bratisláva]
Brussel	Брюссель (м)	[brʲusélʲ]
Caïro	Каир (м)	[kaír]
Calcutta	Калькутта (ж)	[kalʲkútta]
Chicago	Чикаго (м)	[ʧikágɔ]
Dar Es Salaam	Дар-эс-Салам (м)	[dár-ɛs-sálam]
Delhi	Дели (м)	[dǽli]

144

Den Haag	Гаага (ж)	[gaága]
Dubai	Дубай (м)	[dubáj]
Dublin	Дублин (м)	[dúblin]
Düsseldorf	Дюссельдорф (м)	[dʲúselʲdɔrf]
Florence	Флоренция (ж)	[flɔréntsija]
Frankfort	Франкфурт (м)	[fránkfurt]
Genève	Женева (ж)	[ʒenéva]
Hamburg	Гамбург (м)	[gámburg]
Hanoi	Ханой (м)	[hanój]
Havana	Гавана (ж)	[gavána]
Helsinki	Хельсинки (м)	[hélʲsinki]
Hiroshima	Хиросима (ж)	[hirɔsíma]
Hongkong	Гонконг (м)	[gɔnkóng]
Istanbul	Стамбул (м)	[stambúl]
Jeruzalem	Иерусалим (м)	[ierusalím]
Kiev	Киев (м)	[kíef]
Kopenhagen	Копенгаген (м)	[kɔpengágen]
Kuala Lumpur	Куала-Лумпур (м)	[kuála-lúmpur]
Lissabon	Лиссабон (м)	[lisabón]
Londen	Лондон (м)	[lóndɔn]
Los Angeles	Лос-Анджелес (м)	[lɔs-ánʒeles]
Lyon	Лион (м)	[lión]
Madrid	Мадрид (м)	[madríd]
Marseille	Марсель (м)	[marsǽlʲ]
Mexico-Stad	Мехико (м)	[méhikɔ]
Miami	Майями (м)	[majámi]
Montreal	Монреаль (м)	[mɔnreálʲ]
Moskou	Москва (ж)	[mɔskvá]
München	Мюнхен (м)	[mʲúnhen]
Nairobi	Найроби (м)	[najróbi]
Napels	Неаполь (м)	[neápɔlʲ]
New York	Нью-Йорк (м)	[nju-jórk]
Nice	Ницца (ж)	[nítsa]
Oslo	Осло (м)	[óslɔ]
Ottawa	Оттава (ж)	[ɔttáva]
Parijs	Париж (м)	[paríʃ]
Peking	Пекин (м)	[pekín]
Praag	Прага (ж)	[prága]
Rio de Janeiro	Рио-де-Жанейро (м)	[ríɔ-dɛ-ʒanǽjrɔ]
Rome	Рим (м)	[rím]
Seoel	Сеул (м)	[seúl]
Singapore	Сингапур (м)	[singapúr]
Sint-Petersburg	Санкт-Петербург (м)	[sánkt-peterbúrg]
Sjanghai	Шанхай (м)	[ʃanháj]
Stockholm	Стокгольм (м)	[stɔggólʲm]
Sydney	Сидней (м)	[sídnej]
Taipei	Тайпей (м)	[tajpéj]
Tokio	Токио (м)	[tókia]

Toronto	**Торонто** (м)	[tɔróntɔ]
Venetië	**Венеция** (ж)	[venétsija]
Warschau	**Варшава** (ж)	[varʃáva]
Washington	**Вашингтон** (м)	[vaʃinktón]
Wenen	**Вена** (ж)	[véna]

www.ingramcontent.com/pod-product-compliance
Lightning Source LLC
LaVergne TN
LVHW051740080426
835511LV00018B/3157